Sincerely
Joan Lowell

I look for a new world —

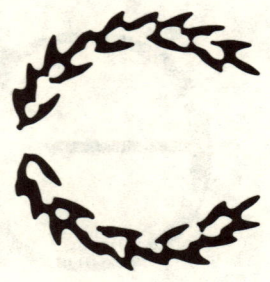

PREÂMBULO
FLORA THOMSON-
-DEVEAUX

TRADUÇÃO E EPÍLOGO
MATHEUS
PESTANA

JOAN
LOWELL

ERCOLANO

TÍTULO ORIGINAL *Promised Land* (1952)

© Ercolano Editora, 2024
Esta publicação segue as normas do Acordo Ortográfico da Língua Portuguesa, Decreto nº 6.583, de 29 de setembro de 2008.

DIREÇÃO EDITORIAL
Régis Mikail
Roberto Borges

PREPARAÇÃO
Eduardo Valmobida
Márcia Macêdo

REVISÃO
Bárbara Waida

PESQUISA ICONOGRÁFICA
Matheus Pestana

PROJETO GRÁFICO
Estúdio Margem

DIAGRAMAÇÃO
Ale Lindenberg
Joyce Kiesel

Todos os direitos reservados à Ercolano Editora Ltda. © 2024.
A reprodução não autorizada desta publicação, no todo ou em parte, e em quaisquer meios impressos ou digitais, constitui violação de direitos autorais (Lei nº 9.610/98).

AGRADECIMENTOS

Anna Carla Barci Huguenin, Antonio Carlos Soares Huguenin, Arthur Cristóvão Prado, Bia Reingenheim, Carolina Pio Pedro, Caroline Moura Pestana, Christiane Silva Costa, Daniela Senador, Emanoel Amorim, Fernanda Carneiro, Fundação Biblioteca Nacional, Instituto de Patrimônio Histórico e Cultural Jan Magalinski, Jairo Alves Leite, João Pedro da Silveira Alcântara Abbade, Láiany Oliveira, Mariana Abreu, Mila Paes Leme Marques, Museu Histórico de Anápolis Alderico Borges de Carvalho, Renan Quinalha, Vânia da Silva Moura, Victória Pimentel, Vivian Tedeschi, Wagner de Oliveira Pestana, William Marc Cardoso Plotnick, Zilmara Pimentel.

SUMÁRIO

08   PREÂMBULO ★ A NARRADORA INCRÍVEL ★ FLORA THOMSON-DEVEAUX

★

23   TERRA PROMETIDA ★

       34   PRÓLOGO
       42   CAPÍTULO I
       56   CAPÍTULO II
       76   CAPÍTULO III
       102   CAPÍTULO IV
       114   CAPÍTULO V
       130   CAPÍTULO VI
       146   CAPÍTULO VII
       170   CAPÍTULO VIII
       178   CAPÍTULO IX

190	CAPÍTULO X
204	CAPÍTULO XI
212	CAPÍTULO XII

★

234 EPÍLOGO ★
A TERRA DA PROMISSÃO
SÓ PRODUZIU ABACAXIS
★ MATHEUS PESTANA

★

252 LISTA DE IMAGENS

PREÂMBULO

8

A NARRADORA INCRÍVEL

FLORA THOMSON--DEVEAUX[1]

---

[1] Flora Thomson-DeVeaux é uma tradutora, escritora e pesquisadora norte-americana radicada no Brasil. Ganhou destaque por sua tradução para o inglês de *Memórias Póstumas de Brás Cubas*, de Machado de Assis, e cofundou a produtora de podcasts Rádio Novelo, onde trabalha como diretora de pesquisa.

Em que momento você começa a duvidar da história que alguém está te contando?

Qual é a pista que te coloca em alerta? É um detalhe suspeito? Um diálogo recontado que desafia a credulidade? Ou alguma coisa inefável no jeito do seu interlocutor que dispara um alarme interno?

E quando você percebe alguma incongruência ou inverossimilhança, o que você faz? Você briga, contradiz o interlocutor? Ou você aguça o ouvido para tentar entender o que tem por trás dessa história que a pessoa quer te fazer acreditar?

No começo da década de 1920, Joan Lowell era uma jovem californiana de vinte e poucos anos com um sonho: ser atriz de cinema. Infelizmente, esse era um sonho compartilhado por uma pequena horda de aspirantes naquela aurora da indústria cinematográfica americana. Não bastava a vontade; não bastava nem ter uma cara bonita. Você precisava se diferenciar de alguma forma, se destacar em meio à multidão. Você precisava, em outras palavras, de uma história.

Felizmente para Joan, a história dela — história essa que acabou reproduzida em dezenas de matérias de jornal a partir de 1923 — era fantástica. Joan havia sido a décima primeira, e última, dos filhos dos pais. Depois de perder quatro filhos nos anos anteriores, o pai dela, um capitão de navio, resolveu zarpar e levar a filha de menos de um ano. Ou ela morreria respirando o ar fresco do mar, ou ela cresceria forte e saudável.

A aposta do pai foi certeira. Joan deu seus primeiros passos no deque do navio, aprendeu a navegar antes de pôr o pé na escola, e acabou por passar seus primeiros dezessete anos de vida em alto mar. Ela só foi devolvida a terra firme pelo pai depois da puberdade, quando a beleza dela começou a perturbar os outros tripulantes.

Agora, um pouco cansada de aventuras marítimas, ela tinha resolvido tentar a sorte como figurante em uma das grandes produtoras de Hollywood.

Nesse novo sabor de aventura, Joan não demorou muito a conseguir papéis aqui e ali. Mas parece que a história de vida dela fazia um pouco mais de sucesso do que os filmes em que atuou. Ao longo da década, ela apareceu em meia dúzia de longas-metragens, a maior parte dos quais está perdida para a história. Foram alguns papéis de destaque, uma ponta rápida num filme de Charles Chaplin, e, a cada estreia, a biografia da atriz era alardeada na imprensa. Nas entrevistas mais extensas, Joan se soltava, dando mais detalhes sobre a vida marítima: o único livro que ela tinha para ler era a Bíblia; ela aprendeu a fazer contas consultando a tábua das marés; ela viu uma mulher branca pela primeira vez aos dezesseis anos.

Consigo imaginar o representante de alguma editora falando: "Joan, você tem que escrever essa sua história!".

E assim foi feito.

JOAN LOWELL IN TALKIE.

Will Take Leading Role in Griffith's Picture of Her Sea Story.

David Wark Griffith, motion picture director, announced yesterday that Miss Joan Lowell, author of "The Cradle of the Deep," had contracted to take the leading rôle in his forthing all-talking picturization of her story. The picture will be released through United Artists in the Fall.

Miss Lowell, whose book purports to tell of her experiences in the first seventeen years of her life, spent on a sailing vessel, has had some previous moving picture experience as an extra player, having appeared in Charlie Chaplin's "The Gold Rush." Miss Lowell was born in Berkeley, Cal., and her name originally was Lazzarovich.

Miss Lowell was the guest last night at a supper party given in her honor by Simon & Schuster, the publishers, aboard the French liner Ile de France. Five hundred persons, including well-known authors, theatrical folk and journalists were guests.

Among them were Captain "Bob" Bartlett, polar explorer; D. W. Griffith, movie producer; Roy Howard, publisher; John Farrar, editor and writer; Edward Hope, columnist and author; William Bolitho, critic; Heywood Broun, columnist, and Ruth Hale, writer, his wife; Stephen Graham, novelist; Sidney Lenz, auction bridge expert, and Hiram Motherwell, writer.

FLORA THOMSON-DEVEAUX

Em março de 1929, *Cradle of the Deep* [O berço das profundezas] chegou como um meteoro no firmamento literário norte-americano, escalou a lista dos mais vendidos e fez de Joan uma celebridade instantânea. O livro de estreia dela propunha desmistificar e, sobretudo, desromantizar a vida em alto mar. A vida da filha do capitão de um navio não era de anáguas e espartilhos, de suspiros e poesias banhados pela maresia. Joan cresceu vestindo roupas feitas de sacos alvejados, andava descalça, mascava tabaco, cuspia e xingava os colegas marinheiros de igual para igual. Ela viu marinheiros enlouquecerem e morrerem, quase morreu ela própria de escorbuto, mas sobreviveu para contar a história.

O livro escandalizou alguns e entreteve outros tantos. Depois de um mês, o sucesso era tamanho que a editora, Simon & Schuster, deu um regabofe em homenagem à autora com quinhentos convidados a bordo do navio *Île de France*. O cineasta D.W. Griffith — que entrara para a história com *O Nascimento de Uma Nação* (1915), um filme que enalteceu e inflamou a Ku Klux Klan — comprou os direitos da história. A própria Joan, claro, faria o papel principal no filme da vida dela.

Joan "é a personagem literária mais interessante que vemos há meses", escreveu um crítico na época.

E que personagem, afinal, era essa?

Seria um pouco injusto dizer que desconfiei de Joan Lowell desde o começo. Já cheguei na história com quase um século de atraso, devidamente vacinada contra os exageros dela. Fui ler *The Cradle of the Deep* só em 2023, provocada por Matheus Pestana, Régis Mikail e Roberto Borges, e já sabendo que, no mundo de Joan Lowell, nem tudo que reluz é ouro.

Logo depois da publicação, no entanto, as primeiras ressalvas ao livro foram feitas por marinheiros, que denunciavam um uso um tanto impreciso de terminologia náutica por parte da autora. Como minha própria experiência náutica se resume a um dia que passei num veleiro aos nove anos, boa parte do qual dedicado à tentativa de não vomitar, esses pormenores realmente me escapam. Mas, ao longo da minha leitura, outros detalhes acenderam sinais amarelos, e às vezes vermelhos. Entre outras coisas, Joan descreve cavalos-marinhos andando com as cabeças fora d'água, nos conta que tubarões só conseguem morder quando estão de barriga para cima (por causa da mandíbula recuada, *à la* Noel Rosa), que tubarões fêmeas amamentam suas crias, e que águas-vivas se tornam cracas no fim do ciclo de vida delas. As descrições dos "nativos" mundo afora soam igualmente imprecisas, e invariavelmente ofensivas.

O que afundou o livro, no entanto, foi a cena final. Numa noite, no estreito que separa a Tasmânia da Austrália, a carga do navio do pai de Joan pegou fogo. Joan teve que nadar quase cinco quilômetros até a costa, vestida de camisola, com uma ninhada de gatos agarrada nas costas dela. Ela, o pai, os gatos e alguns marinheiros se salvaram, mas o fiel navio — o *Minnie A. Caine* — foi consumido pelas chamas e pelas ondas.

A questão é que, conforme apurado pelos jornais californianos em 1929, mais de uma década depois desse suposto fim trágico, o *Minnie A. Caine* estava ancorado no porto de Oakland. No livro de registros do navio, constava que Joan tampouco

JOAN LOWELL BACK WITH NEW SEA YARN

Author, on Five-Year World Cruise, Dashes Home From Kingston for More Cash.

Joan Lowell came out of the sea again yesterday.

What with, a number of near shipwrecks and other minor disasters along the Spanish Main, such as running out of money—it was $35—at the beginning of a five-year cruise, Miss Lowell's life is a very busy one, and she barely had time to dash back to New York to consult her publisher and any other kindly persons who would like to invest $250 or so to enable her to continue her venture.

The author of "Cradle of the Deep" hopes to sail back Thursday on the Pastores of the Colombian line to Kingston, where her schooner, the Black Hawk, and her father, Captain Nicholas Wagner, are waiting to continue the voyage.

A Jinx Cruise.
If one takes Miss Lowell's—and the camera's—story, never was there such a jinx cruise. One of the critical objections to her autobiography was that no one could have passed through so many storms, shipwrecks, fires and floods in Miss Lowell's life-span afloat. But if the ten-month cruise of the Black Hawk was typical of her earlier seafaring, that objection must be overruled.

The Black Hawk had no more than reached Sandy Hook when a storm struck and they ran for cover. Two days out they hit a gale, the same one that wrecked the Akron. Another struck them off Cape Hatteras. They lashed themselves to the deck and rode out the storm for three days. During the storm, Sawyer—the ex-marine—fell through a hatch and cut his leg on an oil tank. They rushed him to Charleston, S. C., for treatment.

While they were tied up at the pier 6,000 school children visited the ship and left, bearing souvenirs.

havia sido a única fêmea a bordo: em várias viagens, o capitão teria trazido também a mulher — mãe de Joan — e vários dos filhos — seus irmãos. Joan e a editora responderam dizendo que ela tinha sintetizado a narrativa por motivos literários, já que as viagens dela haviam sido feitas numa dezena de embarcações diferentes. Mas logo vieram entrevistas constrangedoras com colegas de classe da autora, que informaram ter estudado com Joan numa escola pública em Berkeley entre 1912 e 1916, boa parte dos anos supostamente dedicados a aventuras marítimas.

Em meados de abril de 1929, *Cradle of the Deep* já tinha começado a cair no ranking geral dos livros mais vendidos nos Estados Unidos. Mas, enquanto a polêmica fervilhava, ele voltou ao topo dos *best-sellers* — dessa vez, na lista de ficção.

O pai de Joan defendeu a história da filha e ameaçou dar um soco na cara dos repórteres que a interpelavam. Joan, no entanto, parecia não se abalar. Em setembro daquele ano, ela estreou (e estrelou) uma peça em Nova Jersey. "Para quem tivesse dúvidas a respeito do livro tempestuoso da srta. Lowell, 'The Star of Bengal' se coloca como uma resposta. Que venham os céticos e que vejam com seus próprios olhos", dizia uma matéria no *New York Times*, num tom um tanto dúbio. Não sei se os céticos obedeceram ao chamado. Fato é que "The Star of Bengal" durou duas semanas em cartaz, e, no mês seguinte, Joan se separou do marido, Thompson Buchanan, o dramaturgo por trás da peça. Enquanto isso, em questão de semanas, a economia norte-americana tinha sofrido uma conflagração pior que a do *Minnie A. Caine*. Era o começo da Grande Depressão, e o fim de uma era — tanto para o país quanto para Joan.

Cradle of the Deep circula em reimpressões até hoje, quase sempre com prefácios ou posfácios que contextualizam seus exageros (a edição que eu li traz o subtítulo: "As grandes aventuras de Joan Lowell que não eram inteiramente verdadeiras"). O segundo livro de Joan, no entanto, sobrevive na obscuridade de algumas bibliotecas públicas nos Estados Unidos; só consegui consultá-lo depois que um amigo acadêmico generosamente o digitalizou a meu pedido. O texto narra o capítulo seguinte da vida dela e traz uma nova personagem: a da repórter investigativa.

"Miss Lowell, you know there was a lot of talk back in '29 that your autobiography was 99 per cent imagination and 44-100ths per cent pure. Is this 'Adventure Girl' picture just so much spindrift, too?"

No começo de *Gal Reporter* — se fôssemos traduzir com uma gíria da época, poderia ser "Pequena Repórter", no mesmo sentido em que Carmen Miranda era a "Pequena Notável" —, Joan recapitula brevemente sua ascensão e sua queda. Ela dá a entender que o furor em torno do livro de estreia lhe subiu à cabeça, mal menciona a polêmica, mas conta que a "ruína financeira" (não detalhada) veio logo a seguir. Depois do divórcio, ela comprou um sítio no interior da Pensilvânia, experimentou a vida rural, amargou uma colheita ruim, e acabou calçando as sandálias da humildade e aceitando um emprego como repórter de um tabloide: o *Boston Daily Record*.

O exagero faz parte do DNA do tabloide, e nada leva a crer que Joan tenha sido encorajada a maneirar na prosa durante o tempo dela como jornalista. Sua veia

Joan Lowell's Beats

GAL REPORTER. By Joan Lowell. 304 pp. New York: Farrar & Rinehart. $2.50.

IN 1929 Joan Lowell had become, as she points out here, something of a celebrity. Her widely publicized book, "The Cradle of the Deep," had lifted her overnight into comparative affluence. "With typical New York hullabaloo I was balled as a genius, a sensational young girl author."

Then for Joan, as for a lot of other people, came the cold, gray dawn. Her farm was sold, her family dispossessed, and her earning power had been impaired—if not, as she feared, entirely destroyed—by prolonged idleness. Casting about for some way to earn a living, she finally secured an offer of a job as reporter on The Boston Daily Record—if she made good and agreed to stick to it for a year.

No one who reads this book will doubt that Joan Lowell was a good tabloid reporter. She commands a kind of disarming frankness and admits her reader with such engaging humility into the secret of her own doubts, misgivings and weaknesses, that one is inclined to overlook the inclusion of such matters as the petition which urged that a statue be raised to her in the Boston Common, inscribed with the following simple legend: "Joan Lowell, the Joan of Arc of her generation, and the saint of the working girls."

This burst of gratitude on the part of "over a hundred people" was occasioned by her work in exartística também pôde aflorar novamente; como escreve Joan, "Foi ótimo para mim, enquanto Gal Reporter, que eu tivesse passado um tempo nos palcos, porque fui obrigada a fazer tantos papéis quanto uma atriz". Para denunciar as condições a que eram sujeitadas as mulheres pobres e trabalhadoras da cidade, ela se fez passar por uma trabalhadora infantil, uma matrona quarentona desempregada, uma jovem indigente, uma aspirante a atriz, uma dançarina profissional... (Perdi a conta de quantas perucas são usadas ao longo do livro.)

O livro é recheado do que poderíamos chamar de evidências: reproduções de alguns documentos, mas principalmente fotos que pretendem reconstruir as apurações da "Gal Reporter". Aqui está Joan, dormindo numa praça no parque; aqui está Joan, prestes a comer de uma lixeira; aqui está Joan, batendo na porta de uma fábrica à procura de emprego; aqui está Joan, entregando mais uma matéria para seu editor...

Os problemas que as reportagens denunciavam eram, sem dúvida, autênticos: exploração trabalhista, tráfico humano, abandono dos desempregados e abuso de mulheres vulneráveis. No final de *Gal Reporter*,

Joan se declara uma mulher transformada. A escritora vaidosa e festejada teria dado lugar a uma defensora dos fracos que se importa mais com a verdade do que com os aplausos.

E essa versão da história dificulta ainda mais a compreensão do que aconteceu na sequência.

O prefácio de *Gal Reporter* já anunciava que a autora e o pai, o capitão Nicholas Wagner, haviam partido em mais uma viagem: desta vez, uma circunavegação do globo que duraria cinco anos. Segundo o *New York Times*, o navio deles partiu em abril de 1933 — mas, em junho, Joan já estava de volta na cidade, pegando mais dinheiro para seguir viagem depois de uma série de infortúnios. No ano seguinte, o mundo ainda não havia sido cingido por Joan e seu pai; mas tinha um filme novo na praça.

"Há um ano, Joan Lowell voltava de uma viagem às vastidões da América Central, trazendo uma história de aventuras praticamente inacreditáveis". Esse é o primeiro letreiro do longa-metragem *Adventure Girl*, que se anuncia a seguir como "uma reencenação das viagens fantásticas da srta. Lowell".

Em algum momento entre 1934 e hoje, uma parte do filme se perdeu, mas o grosso sobreviveu em boa qualidade. Ele foi rodado num formato híbrido e um tanto incomum: as filmagens são silenciosas, mas uma narração em off da protagonista guia a história quase o tempo todo, acompanhada por música e efeitos sonoros. Quando assisti, fiquei agradecida pela oportunidade de ouvir a voz de Joan e satisfeita ao perceber que ela é exatamente como sua prosa sugere: rápida, engraçada, com o ritmo de uma boa contadora de causos.

Esse era um causo e tanto. "Se formos acreditar na história da srta. Lowell — e da câmera —, jamais um cruzeiro foi tão azarado". Assim diz a reportagem do

New York Times que anuncia a estreia do filme. "Uma das críticas mais ingentes à autobiografia da srta. Lowell havia sido a de que ninguém poderia ter passado por tantas tempestades, naufrágios, incêndios e enchentes no tempo que ela viveu no mar. Mas se os dez meses que o *Black Hawk* passou agora forem representativos do período anterior, a objeção há de ser indeferida".

O navio ainda estava nas águas de Nova Jersey quando veio a primeira tempestade. Outra chegou dois dias depois, e mais uma assolou o navio quando passava pela costa da Carolina do Norte. A tripulação se amarrou no deque durante três dias para resistir às águas e aos ventos. No meio do Caribe, descobriram que os danos causados pela sequência de aguaceiros tinham acabado por esvaziar o tanque de água potável, e passaram dias e noites com sede. O capitão Wagner sofreu uma queimadura que infeccionou, e Joan se machucou quando um dos mastros se rompeu e caiu nela durante um furacão.

O enredo principal do filme começa quando Joan localiza um mapa do tesouro num navio naufragado que, convenientemente, ficou séculos com sua maior parte intacta e acima da linha d'água. O tesouro é uma esmeralda gigante, guardada num templo maia nas selvas da Guatemala. A tripulação do *Black Hawk* imediatamente se bandeia para lá, se aventura por ruínas coloniais e maias, se desvencilha de nativos e cobras com manobras ousadas e — perdão pelo *spoiler* — sai de mãos abanando, mas com uma ótima história para contar.

A matéria do *New York Times* diz que um pé infeccionado "e 33.000 metros de película foram tudo que ela trouxe de volta da América Central. Em torno de 2.400 metros foram selecionados e viraram 'Joan Lowell — Adventure Girl'. 'E cada metro é autêntico', conclui a srta. Lowell. 'As tempestades, a batalha entre o meu cachorro e o polvo [essa parte do filme, muito infelizmente, se perdeu], a pesca das tartarugas, as ruínas maias e tudo. Sem encenação, sem manequins, sem gravação em estúdio'".

Depois de assistir a *Adventure Girl,* comecei a duvidar seriamente de que Joan e eu comungássemos do mesmo significado da palavra "autêntico". Percebi a mesma consternação numa resenha do filme de agosto de 1934, que começa relembrando o livro de estreia da protagonista: "A autobiografia de Joan Lowell, 'Cradle of the Deep', sobrecarregava a credulidade do leitor. O filme dela, 'Adventure Girl', que está passando no Cinema Rialto, não sobrecarrega a credulidade; ele exige sua inteira rendição".

Num momento em que o gênero do documentário ainda estava se firmando, a lógica por trás das fotografias que ilustravam *Gal Reporter* é levada a lugares profundamente desconcertantes em *Adventure Girl*. Joan jurava de pés juntos que era tudo real — mas o espectador há de se perguntar como o equipamento de filmagem conseguiu sobreviver às infindáveis tempestades, e de ficar admirado com a destreza dos operadores das máquinas, que conseguiram acompanhar a tripulação do *Black Hawk* enquanto fugiam dos maias.

O mais intrigante é que, no filme, Joan surge quase como vilã. Ao mesmo tempo que o filme nos coloca do lado da intrépida protagonista, é difícil deixar de notar que ela trai a confiança de uma princesa indígena e profana um

SUIT ON 'INEXPERT' ACTING

Joan Lowell Faces a Counter-Claim in Dispute Over Film.

A suit by Joan Lowell against the Van Beuren Corporation, a film company, for an accounting of the profits from the film "Adventure Girl," which Miss Lowell wrote and in which she starred, has resulted in a counter-claim by the film company for $300,000 damages alleged to have been sustained because of Miss Lowell's inexpert performance in the picture. This was disclosed in the Supreme Court yesterday when the plaintiff applied for an order to examine Amedee J. Van Beuren, president of the film company, before trial.

Miss Lowell alleges that she has not received 15 per cent of the earnings guaranteed her. The defendant replies that it lost $300,000 on the picture.

In making the counter-claim for that sum the defendant asserts that the plaintiff "carelessly, negligently, inefficiently, inexpertly and improperly acted and performed in the motion picture produced as to seriously impair and damage the reputation, fame and business capacity of the defendant."

templo milenar, aparentemente por pura cobiça infantil. Tem uma cena prolongada em que Joan, tendo tido suas ambições saqueadoras frustradas, rola no chão em luta corporal com a princesa maia. Não é emocionante; é constrangedor.

A crítica do *New York Times* observa que o maior interesse do filme está nas cenas rodadas *in loco* na Guatemala — um registro raro e fascinante naquela época, e ainda hoje —, mas que o narcisismo do enredo principal acaba ofuscando todo o resto. Uma cena sintomática nesse sentido é quando Joan está prestes a ser executada, queimada numa pira pela tentativa de roubo da joia sagrada; nota-se que a maior parte da multidão supostamente enfurecida está sorrindo. A conclusão da crítica é seca e insuperável: "O propósito da srta. Lowell ao fazer este cruzeiro foi dar uma resposta àqueles que estavam céticos quanto à veracidade da autobiografia dela".

Na matéria sobre a estreia do filme, somos informados de que, "em dezembro próximo, a srta. Lowell pretende sair numa nova expedição cinematográfica pela América do Sul". Esses planos parecem ter sido frustrados pelo fracasso retumbante de *Adventure Girl*; a produtora processaria Joan por uma quantia vultosa, alegando que a "performance inexperta" da atriz principal prejudicou a bilheteria.

Em julho de 1935, a srta. Joan Lowell zarpou para a América do Sul. Fomos privados, ou poupados, ou talvez ambos, do filme que Joan poderia ter feito sobre o Brasil. Mas o resto da história foi contado quase duas décadas depois, neste que foi o último dos livros dela: *Terra Prometida*.

Desde o começo, nota-se um contraste curioso. Em *Cradle of the Deep*, Joan era uma marinheira mirim esfarrapada, inteiramente desacostumada com a dita civilização; em

Gal Reporter, ela é uma investigadora destemida que arrisca a própria vida para expor injustiças; em *Adventure Girl*, Joan é a estrela do espetáculo, uma intrépida exploradora. Já a Joan de *Terra Prometida* é uma moça de cidade grande, um tanto cínica, cuja maior prenda é saber fazer geleias.

No frontispício do exemplar que eu e Matheus consultamos para esta edição, há uma dedicatória da autora, que termina com: "I look for a new world". *Eu procuro um novo mundo*. A chegada dela ao Brasil em 1935 representava uma nova página, uma nova chance de costurar a narrativa de sua vida. A frase também ecoa outra história de exílio tropical: a vida de Próspero de *A Tempestade*, de William Shakespeare. O duque de Milão, que é expulso de suas terras, acaba criando um universo próprio numa ilha deserta. Bom, deserta em termos: Próspero encontra e imediatamente escraviza dois espíritos que habitam a ilhota. Shakespeare já sabia que quase não existem ilhas desertas na natureza, e que as tábuas não nascem rasas — alguém tem que se dar o trabalho de apagá-las.

Quais eram os sonhos que Joan imprimiu na paisagem brasileira? Quais eram as histórias que ela queria contar sobre esta terra para os americanos? E quais causos ela terá tecido para os brasileiros? Sua saga se insere no contexto da "Marcha para o Oeste", a iniciativa do governo Vargas que procurava emular a expansão das fronteiras no período que se seguiu à Guerra Civil nos Estados Unidos, onde dizia-se que era o destino da nação ocupar a massa continental de leste a oeste. No Brasil, procurava-se ocupar e dominar terras supostamente vazias. Hoje, ainda estamos lidando com as consequências incontáveis dessa sanha expansionista e tentando reconstruir as tragédias que ela acarretou.

Terra prometida por quem, e para quem? Na história que Joan conta, fica claro que ela se entendia como merecedora.

Não se pode chamar um homem de homem nem uma mulher de mulher até o último minuto da vida dele ou dela, pois, até o último minuto, alguém pode cometer um ato indigno do nome "homem" ou "mulher".

— extraído do código dos colonos brasileiros.

TERRA Prometida

23

DEDICATÓRIA

A Virginia Prewett, que sugeriu isso; ao dr. e sra. Robert S. Platt, da Universidade de Chicago, que me encorajaram; à madame Elizabeth Macedo-Sodré, do corpo consular brasileiro; a Cecil M. P. Cross, cônsul geral americano; ao dr. e sra. L. Job Lane Jr., de São Paulo, Brasil, que me amaram apesar de tudo; e a William Ritter, de Buenos Aires, que estava lá quando as coisas ficaram difíceis. E, como sempre, ao meu persuasor favorito, George T. Bye.

A Eliane Lage, cuja beleza espiritual representa, para mim, as grandes qualidades que fazem com que amemos o Brasil.

Aos bravos sertanejos, cuja coragem para alcançar novos rincões faz com que o Brasil seja, realmente, a terra da promissão.[1]

---

[1] Os dois últimos parágrafos não constam na edição de 1952, publicada pelas editoras Duell, Sloan and Pierce e Little, Brown and Company, mas foram posteriormente inseridos na edição da Editora Melhoramentos, publicada em 1954. (N.E.)

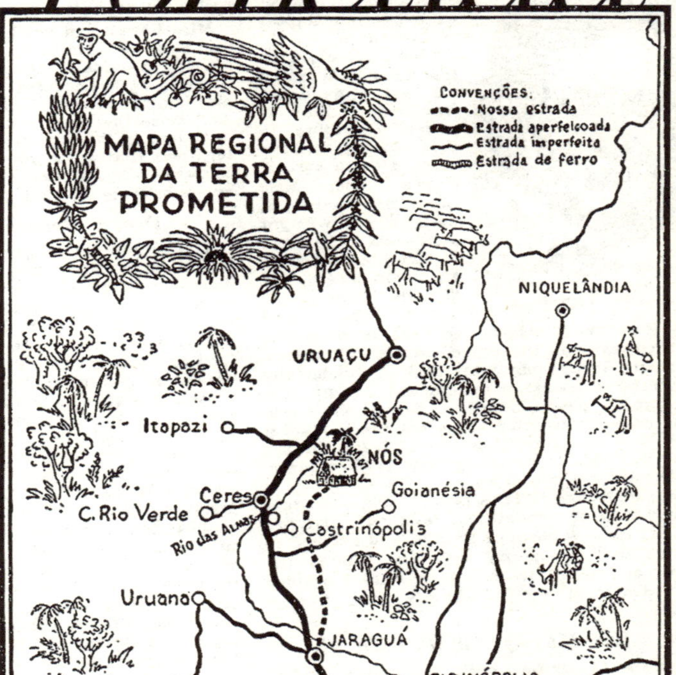

Books of The Times

By CHARLES POORE

JOAN LOWELL stirred up one of the most uproariously enjoyable lit'ry teapot-gales of modern times when she wrote "Cradle of the Deep." That flawed epic of the hornpipe set maddened a handful of salt-water scholiasts to a livid degree. They called upon Heaven, Homer and Herman Melville to witness that she didn't know her ship's lee scuppers from a marlinspike, and otherwise suggested that her genial reminiscences of briny days were awash with terminological inexactitudes.

Joan Lowell

Well, the old gaffers around here tell me, that all happened way back in 1929. It seems, according to these bards, to have reached some sort of climax when Miss Lowell's forthright, upright, downright publishers offered to refund the money of all purchasers of "Cradle of the Deep" who felt they'd been had. How many disgruntled readers went and got their cash at the barrelhead is not known. Not many, I hope, since the book is wonderfully lively reading, as art or artlessness. At any rate, more prosaic people than Miss Lowell were soon busily at work creating the great Stock Market Crash, and the romanticism of "Cradle of the Deep" was soon forgotten in their gaudier fiasco, on the most realistic lines.

What happened to Miss Lowell? Oh, she wrote another book or two without taking the nation's mind off its new boom of trouble, and listened to theories that prosperity was just around the corner, and sailed to Brazil on a hare-brained foray dedicated to the discovery of a new frontier.

Has Melody All Its Own

That's what her new book, "Promised Land,"* published this morning, is all about, and it has a wild, free, singing melody of its own. This time, I think, people are going to believe Miss Lowell, and admire her for her valor.

The pioneer spirit is one of our noblest traditions. But for every impulse we have to go out and fell a forest or climb a crag we can usually summon at least a dozen more powerful impulses to stay and face the income tax dauntlessly.

To Miss Lowell life does not order itself that way. For to admire and for to see, she took a cruise to South America. On the boat she met a sea captain who said he'd like to try carving himself a manse out of Brazil's Douanier-Rousseau type of vegetation. And, in what is by no means the most restrained prose of this generation, she tells how they plighted their troth and

---

PROMISED LAND. By Joan Lowell. Drawings by Barbara Corrigan. 215 pages. Duell, Sloan & Pearce—Little, Brown. $3.50.

she went down to Brazil to await the skipper arrival.

If you are skeptically surprised, in her book early pages, at the ease with which Miss Lowell got into Brazil and became a homesteader in the orchids-and-waterfalls country, you will find later on, that there was a price for everything. A day came when she and her husband were dispossessed from the very territory they opened up for johnnies-come-lately. Only luck and a friendly governor finally brought them their just rewards.

Miss Lowell and her husband had a discouraging way of addressing each other jauntily as "Mate," a mode of address one hoped was confined to Jack London's writings. However, they also had the kind of faith that moves mountains. And since there were likely to be mountains to be moved in the course of their road-building enterprises, that was more than matey. As for their courage—why, human beings have never found any substitute for that.

Dream Becomes Nightmare

Things got pretty grim at times. The people who brought their youngsters to be cured by the American magic of a small medical kit were filled with wonder and gratitude when the cures worked. But when nothing would cure them moods were uglier. Also, there were days when food and money ran out, hope ran down and the dream of pioneering became a nightmare. All these are stated so briskly that it's surprisingly easy to be confident that Miss Lowell will come through all right.

Vicarious fortitude is an elementary attribute of reading adventure books. When Miss Lowell writes a passage like this one, though: "Soon discovered that in the rice-cleaning mills near the railhead the proprietors would permit poor people to sweep up the chaff and broken bits of rice," and tells how she went along and got enough of the stuff to keep alive some puppies she was fond of, it's hard to take the news stonily.

According to the indispensable new "Columbia-Lippincott Gazeteer of the World," Anápolis, the big settlement in the region where Miss Lowell and her husband found new frontiers, is now a pioneer center. Their own land is planted with coffee trees, and cane to provide sugar for the coffee, while cows stroll around the landscape ready to provide a spot of cream. In fact, Miss Lowell says, "we produce everything we use, with the exception of gasoline and salt."

The wise old Indians who always used to be showing Miss Lowell how to find everything they needed in the forest haven't yet harvested gasoline bushes or salt-crystal trees. No doubt, though, they have the right substitutes. They always do.

Anyway, Miss Lowell and her husband have been having a fine time, far from the sea. Their land has become so civilized, in fact, that every once in a while they consider getting away from that luxurious coffee-and-sugar-and-cream-on-the-hoof routine and heading for the forest beyond the Maranhao River in search of a new frontier.

SUIT ON 'INEXPERT' ACTING

Joan Lowell Faces a Counter-Claim in Dispute Over Film.

A suit by Joan Lowell against the Van Beuren Corporation, a film company, for an accounting of the profits from the film "Adventure Girl," which Miss Lowell wrote and in which she starred, has resulted in a counter-claim by the film company for $300,000 damages alleged to have been sustained because of Miss Lowell's inexpert performance in the picture. This was disclosed in the Supreme Court yesterday when the plaintiff applied for an order to examine Amedee J. Van Beuren, president of the film company, before trial.

Miss Lowell alleges that she has not received 15 per cent of the earnings guaranteed her. The defendant replies that it lost $300,000 on the picture.

In making the counter-claim for that sum the defendant asserts that the plaintiff "carelessly, negligently, inefficiently, inexpertly and improperly acted and performed in the motion picture produced as to seriously impair and damage the reputation, fame and business capacity of the defendant."

(Il Generale della Rovere)
scutido diretor italiano

da tutela dos filhos que teve dêsse matrimônio e como homem desalentado refugiou-se nos braços amigos de uma cineasta indiana e ali viveu até despertar para um novo triunfo na sua acidentada carreira de fomentador de emoções através da imagem cinematográfica Agora nos vem a notícia trazendo lisongeiras referências e dando conhecimento dos aplausos obtidos pelo seu novo filme — "De Crápula a Herói" (Il Generale della Rovere), protagonizado por Vittório De Sica, outro valor inconteste do cinema da Itália.

Vamos, portanto, aguardar a estréia de "De Crápula a Herói" com a esperança de poder saudar o aparecimento de um novo Rosselini, tão humano e criativo como aquêle que conhecemos em "Roma, Cidade Aberta" e em quem jamais procuramos ver um fracassado.

O que noticiamos em 5 de Agosto de 1937

...que na Praia Grande estava residindo em casa própria, a escritora e jornalista norte-americana Joan Lowell, autora de "Gradle of the Deep". Joan trabalhou em Hollywood ao lado de Carlito, no filme "Em busca de ouro".

...que foram lançados seis filmes em São Paulo a saber: "Mulher marcada" da Warner Bros, no Broadway, a 4$000; "As cinco gemeas da fortuna", da Fox no Rosário, a 4$000; "Vamos dançar" da RKO, no Odeon (sala vermelha) e Alhambra, a 4$500; "Navio pirata", da Art Filmes, no São Bento, a 2$500 (com outro filme); "Mil dólares por minuto", da Republic, no Pedro II, a 2$300 (con outro filme); "Inimigos públicos", da RKO, no Odeon (sala azul), a 2$300 (com outro filme).

Mamie Van Doren em "AS BELÍSSIMAS PERNAS DE SABRINA"

CINEMA QUE TEM CLASSE tem

JOAN LOWELL INJURED.

Is Taken to Baltimore Hospital After Auto Accident.

BALTIMORE, May 19 (AP).—Joan Lowell, writer, was injured today in an automobile accident on the Washington Boulevard near the capital, where she has been making her home. She was brought to a hospital here, where it was said her injuries were slight.

In private life she is Mrs. Thompson Buchanan.

SUIT ON 'INEXPERT' ACTING

Joan Lowell Faces a Counter Claim in Dispute Over Film.

A suit by Joan Lowell against the Van Beuren Corporation, a film company, for an accounting of the profits from the film "Adventure Girl," which Miss Lowell wrote and in which she starred, has resulted in a counter-claim by the film company for $300,000 damages alleged to have been sustained because of Miss Lowell's inexpert performance in the picture. This was disclosed in the Supreme Court yesterday when the plaintiff applied for an order to examine Amedee J. Van Beuren, president of the film company, before trial.

Miss Lowell alleges that she has not received 15 per cent of the earnings guaranteed her. The defendant replies that it lost $300,000 on the picture.

In making the counter-claim for that sum the defendant asserts that the plaintiff "carelessly, negligently, inefficiently, inexpertly and improperly acted and performed in the motion picture produced as to seriously impair and damage the reputation, fame and business capacity of the defendant."

'THE STAR OF BENGAL' IN HOBOKEN SEPT. 25

Sea Melodrama to Open at Lyric With Joan Lowell in Cast—Morley's Other Productions.

)AN LOWELL BACK WITH NEW SEA YARN

ıthor, on Five-Year World Cruise, Dashes Home From Kingston for More Cash.

Joan Lowell came out of the sea ain yesterday.

What with, a number of near ipwrecks and other minor dis- ters along the Spanish Main, ch as running out of money—it as $35—at the beginning of a five- ar cruise, Miss Lowell's life is a ry busy one, and she barely had ne to dash back to New York to nsult her publisher and any other ndly persons who would like to vest $250 or so to enable her to ntinue her venture.

The author of "Cradle of the eep" hopes to sail back Thursday the Pastoires of the Colombian e to Kingston, where her schoon- , the Black Hawk, and her ther, Captain Nicholas Wagner, e waiting to continue the voyage.

Miss Lowell and her crew have en away from New York since oril 2. They planned to circle the obe in five years, but what with orms, calms and one thing and other it looks now as if the trip ight take fifteen, Miss Lowell id. And she wouldn't like that.

The author-mariner said she had und that there is just nothing to when a sailing vessel is be- lmed. She learned this in the indward Passage. They floated out for days, while the water nk leaked dry. At last help ap- ared on the horizon, a freighter. ot a very helpful freighter, be- use the captain was a rough man no swore at Miss Lowell whe she me alongside in a dory. The ew gave her a five-gallon jug of ater, though, and she set back r the schooner. It had disap- ared. Miss Lowell could not ex- ain this and neither could her ther when she finally caught up him. She said she thought they

Cine-Reporter

SEMANÁRIO CINEMATOGRÁFI

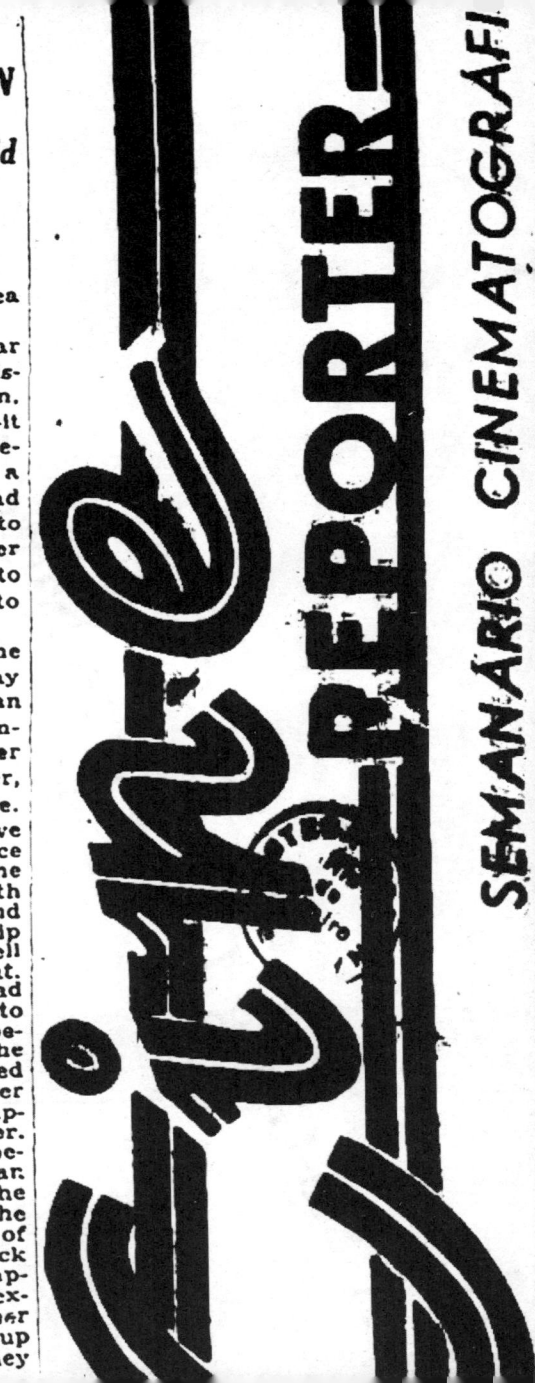

A Sea-Going Lass Whose Nurse Was a Sailmaker

Joan Lowell.

PRÓLOGO

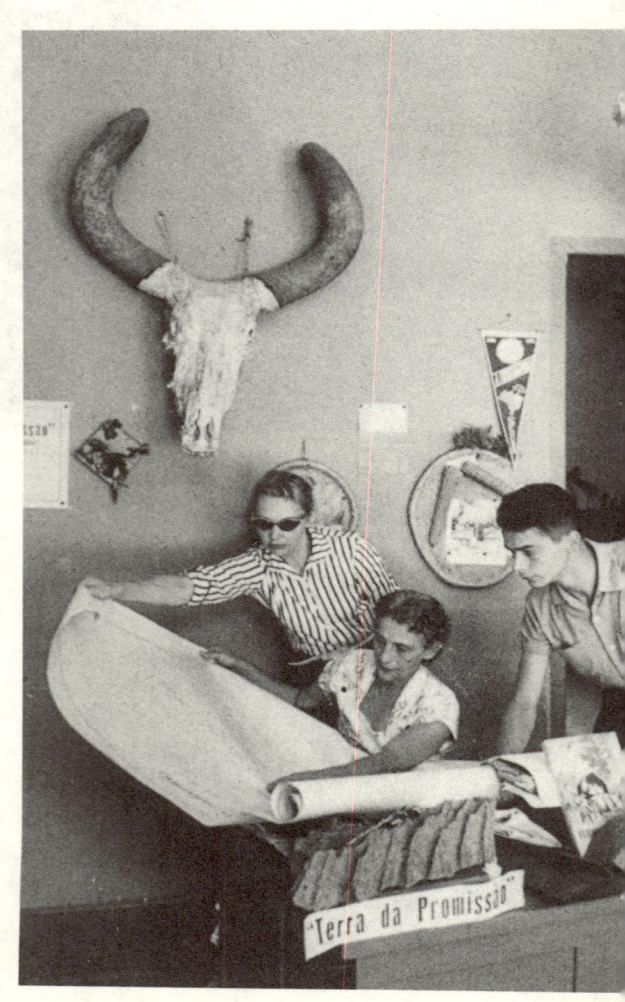

34

"ESTAMOS VIVENDO EM UM RINCÃO ONDE AS MULHERES TECEM AS CALÇAS E OS HOMENS AS VESTEM." ESSA NÃO ERA UMA AFIRMAÇÃO ANTIFEMINISTA, MAS A FRASE DE UMA CARTA QUE MEU marido escreveu a um velho companheiro de mar nos Estados Unidos.

O local: as profundezas das vastas florestas de madeira de lei de São Patrício, no estado de Goiás, no centro do Brasil.

O cenário: uma pequena clareira aninhada numa floresta semelhante a uma catedral. Um pedaço torcido de pavio chiava dentro de uma cabaça cheia de óleo de mamona. Meu marido semicerrava os olhos na luz fraca enquanto escrevia para os amigos em casa nas nossas últimas folhas de papel. Eu estava agachada perto de nossa fogueira, entalhando bambu com ar sonhador para fazer alguns "copos". O crepitar do fogo competia com o som das mandíbulas dos porcos-do-mato pastando na vegetação rasteira. Rouxinóis trinavam uma oitava mais alto do que as corujas-buraqueiras ao longe.

Uma formiga bisbilhoteira foi espiar a página da carta do meu marido, e eu segui o exemplo. Ele havia escrito:

> Faz apenas dois anos desde que iniciamos nossa jornada pioneira construindo uma estrada para alcançar estas ricas terras cobertas por densas florestas de madeira de lei. Temos mais onze milhas de estrada para rasgar antes de atingirmos nosso objetivo — terras livres para nos apropriarmos. Nossa casa fica sob qualquer árvore que alcançarmos ao anoitecer, depois de removermos tocos com picaretas durante o dia. Nossa comida é qualquer caça que possamos abater, nossa banheira, qualquer riacho fresco na selva.
>
> Joan acabou de me questionar, precedida por um suspiro desalentado, se acredito que ela algum dia aprenderá a fiar e tecer minhas calças do modo que todas as mulheres aqui fazem. Como ambos aprendemos da maneira difícil e vivemos plenamente, não acho que sua pergunta precise de uma resposta.

Eu estava cansada de entalhar, e além disso meu pé tinha ficado dormente, então me estendi na terra folhosa para descansar. Através de uma abertura nos galhos, via o Cruzeiro do Sul deitado no céu, inclinado de modo que dava a impressão de estar apoiado num cotovelo.

Aqui era muito diferente do céu estrelado artificial da casa noturna que eu frequentava em Nova York. Os "copos" de geleia que eu estava fazendo me trouxeram a memória de outros copos num vistoso apartamento de Nova York, e do zelador com ares de superior que desaprovava os meus esforços clandestinos de fazer geleia de framboesa numa cozinha desenhada apenas para fins decorativos.

Meu marido ainda estava escrevendo sua carta, cantarolando suavemente "Quando eu ficar velho demais para sonhar...".

"Ei, parceiro" (o nome pelo qual nos chamávamos), "pergunto-me se foi me apaixonar por você ou ficar irritada com aquele antipático zelador que me fez decidir procurar uma nova terra no Brasil", eu disse.

"Foram ambos os motivos, querida. Assim como eu também estava muito cansado e farto daquela corrida de ratos no que é ironicamente chamado de civilização", ele respondeu.

"Bem, e quanto ao amor por mim?", eu insisti. "Isso não influenciou você de maneira alguma?"

O capitão desistiu de tentar terminar sua carta. Enfiou-a no bolso da camisa, apagou o pavio e disse: "Escute aqui, sua tola, um homem sozinho nunca chega muito longe, assim como uma gaivota não pode voar com apenas uma asa. Pare com essas perguntas bobas e vá dormir."

"Aham...", murmurei.

Ele cavou um lugar oco entre as folhas para fazer uma cama, e, embora não se tratasse de um colchão de molas, era bastante confortável para dormir sob as estrelas.

"Por que você não coloca um P.S. naquela carta dizendo 'estou feliz que você não esteja aqui'?"

Suspeito que os rouxinóis continuaram a entoar suas canções.

★

Passaram-se onze anos desde que isso aconteceu, e estamos hoje vivendo naquela terra que lutamos tanto para alcançar. Não havia duas pessoas mais inadequadas para serem pioneiras do século XX do que meu marido e eu.

Vindo diretamente de um transatlântico de luxo onde ele foi capitão por vinte e dois anos, meu marido resolveu dar um mergulho. Quanto a mim, minha única qualificação como pioneira era ter uma vida suave num apartamento em Nova York, com todo o conforto material — lojas, telefones, comida entregue em casa, elevador e, sim, até mesmo um porteiro de Graustark para abrir e fechar portas.

Eu era passageira num transatlântico sul-americano e ele era o capitão. Havia uma lua cheia tropical enquanto navegávamos em águas tranquilas ao sul do Equador. Apoiada no parapeito do convés, observando o Cruzeiro do Sul deslizar abaixo do horizonte, ouvi a voz suave e grave do capitão.

"Existem muitas terras desabitadas lá", ele disse. "O Brasil ainda tem regiões inexploradas — ainda é possível tomar posse das terras."

Algo em sua voz me fez olhar para o seu rosto crestado pelo vento. Os olhos azuis, sublinhados pelas rugas de uma vida no mar, pareciam ver algo muito além da minha percepção. "Sabe, desde menino desejei encontrar um novo rincão o mais longe possível da civilização", ele falou.

"Quer dizer que deixaria o comando de um navio como este pela pradaria solitária?", eu perguntei.

"Viver no mar já não é o que foi um dia. Nos dias de vela, um capitão era dono de si. Ele poderia negociar cargas, navegar para onde quisesse e escolher suas tripulações. Hoje, tudo é pensado e ordenado por conselhos de administração. Os sindicatos escolhem as tripulações, os capitães têm todas as responsabilidades sem tomar as decisões. Creio que o rincão é o único lugar restante onde um homem pode descobrir se é um homem ou um robô."

Não parecia haver nada para eu acrescentar além de: "Por que não vai, então, encontrar um novo rincão?".

A princípio, pensei que não tinha me ouvido, pois ficou em silêncio por vários minutos, e então: "Porque eu nunca encontraria uma mulher, Joan, que pudesse me amar o suficiente para querer viver comigo e para mim sem dar a mínima importância para o resto do mundo".

Murmurei um confuso "boa noite" para encobrir a emoção que sua sinceridade me despertou. Ele pegou minha mão e sorriu. "Siga firme", ele disse, e nos separamos. Eu sabia que ele queria dizer: "nunca mude — permaneça como é".

Outros oito dias de viagem antes de chegarmos ao Rio de Janeiro. Sempre que podia, afastava-me da forçada alegria dos passageiros. Sabia também, embora tentasse negar a mim mesma, que, se o capitão acreditasse em mim, eu iria com ele até o fim do mundo. Uma nova fronteira... pensamento que me absorvia a cada hora. Eu também havia sido desiludida e me odiava pela carapaça de sofisticação que construí como defesa contra a vida na cidade.

A beleza incrível e sobrenatural do porto do Rio estava velada por uma neblina rosa na manhã em que ancoramos à espera dos oficiais de alfândega. Erguendo-se acima da névoa, os braços estendidos e piedosos da estátua do Cristo Redentor no Corcovado pareciam convocar para uma prece universal. Uma vez em terra, os passageiros se apressavam para fazer compras e conhecer as belezas da cidade. Um dia no Rio e depois seguiríamos para Santos, o porto do café. Santos está repleta de história. Remete um pouco a uma velha ranzinza muito rica graças às fortunas do café castanho-dourado que transitam por sua marina rumo aos sete mares. Suas ruas são marcadas com valas de concreto, um lembrete mudo dos princípios de 1900, quando a febre amarela assolou tripulações de navios ancorados em seu porto. Agora, Santos é uma dama com um novo rosto saudável e importante e, compreensivelmente, um pouco desdenhosa dos agricultores do planalto do estado de São Paulo que dependem de seu portão para o mundo.

Partindo de Santos para Buenos Aires, o capitão me encontrou de novo à balaustrada do tombadilho. "Vê onde aquela montanha desce até o mar?", ele disse. "Há ali poucos habitantes, apenas alguns índios Guarani e pescadores."

"Hum...", murmurei, sabendo e, ainda assim, tendo medo do que estava por vir.

"Se eu achasse que você poderia ficar em um lugar assim, digamos por três meses, em uma cabana longe de qualquer vizinho, esquecida das luzes brilhantes da Broadway, eu pediria para você ser a companheira que estive procurando... Uma companheira pioneira".

"Eu poderia ficar três anos se o que eu esperasse lá valesse a pena", respondi, sem ousar virar para encará-lo.

"Você compreende, vai demorar um tempo para eu colocar minhas coisas em ordem e abandonar a vida que levo. Se soubesse que você estaria esperando por mim em uma costa solitária, seria mais fácil para eu acreditar."

"Qual é o nome daquele lugar?", perguntei, apontando para uma mancha escura que era a montanha na costa.

"Latitude 25."

"Três meses sozinha em uma cabana como um vagabundo da praia... Em três meses você acreditará que isso não é um capricho passageiro meu, mas a decisão mais profunda e sincera que já tomei em minha vida?"

"Sim, então eu irei até você e encontraremos essa fronteira juntos", ele disse ternamente. A felicidade daquele momento! Mesmo que tivesse então entendido o preço que me custaria essa felicidade, eu teria pago a conta mil vezes.

"Devo te dizer que não teremos dinheiro para começar", disse o capitão enigmaticamente.

"Não precisaremos de dinheiro", eu respondi. "Compraremos alguns bons cães de caça, armas e viveremos da terra."

"É provável que tenhamos que pagar por uma licença para os cães e uma permissão para caça. A propósito, que tipo de cozinheira você é?"

Essa pergunta tinha de ser feita para arruinar a situação. "Sei fazer geleia", respondi. O capitão riu.

"Justamente do que precisam os pioneiros — uma fazedora de geleias."

"Vamos ter que aprender tudo desde o início. O português, por exemplo, que é a língua nacional brasileira. Você sabe falar?", eu perguntei.

"Muito pouco", ele respondeu. "Nova língua, novo clima e um país estranho — isso deve ser fácil. O valor que damos a nós mesmos é o maior problema."

★

O rouxinol continuou cantando. Acordei antes do amanhecer e pude ouvir suas notas plangentes sozinha na floresta. O Cruzeiro do Sul havia se posto.

"Companheiro", sussurrei para o capitão, dando-lhe um cutucão com o meu pé, "já se arrependeu de termos encontrado este rincão?"

"Não", ele respondeu. "Agora cale a boca e deixe um camarada dormir até o amanhecer."

CAPÍTULO

42

TALVEZ A BOA VIZI-NHANÇA AINDA NÃO FOSSE OFICIAL ENTRE O BRASIL E OS ESTADOS UNIDOS EM NOVEMBRO DE 1935. NO ENTANTO, TIVE UMA recepção calorosa quando retornei dos Estados Unidos dois meses depois para desembarcar em Santos. E com uma passagem só de ida!

A polícia portuária e os funcionários de imigração que embarcaram no navio em que eu estava me questionaram minuciosamente sobre meus motivos para vir para o Brasil. Eu, uma moça solteira, com uma passagem sem retorno. Se era turista, por que minha passagem era só de ida? Tinha sido contratada por alguma empresa americana? Era uma artista de trupe teatral? "Não", expliquei pacientemente, "estou indo viver sozinha o mais longe possível da civilização por três meses."

"Se a senhorita me permitir a pergunta, quem é que conhece no Brasil?", eles insistiram gentilmente.

"Ninguém", respondi.

"Qual será seu endereço?", perguntou o oficial de imigração.

"Perto da latitude 25", respondi. "Aquele lugar na costa ao sul daqui, onde não há vila e as montanhas encontram o mar num promontório abrupto."

O médico carimbou meu atestado de boa saúde e o entregou para mim. O oficial de imigração perguntou se poderia vê-lo. Notei que seus olhos passaram duas vezes sobre a frase do Comissário da Saúde de Nova York declarando que eu não tinha insanidade ou tendências a ela.

"Qual será sua ocupação, senhorita", perguntou o oficial de polícia, "na latitude 25?"

"Ah, esperar apenas e provar algo a alguém", respondi. Os dois guardas ficaram perplexos. Afastaram-se e conversaram em português. Não consegui entender uma palavra do que diziam, mas sabia que era sobre mim pela expressão franca de confusão deles e entendi a palavra "latitude".

Terminada a conferência, eles apertaram as mãos e saíram, sendo os primeiros a descer a passarela quando atracamos. Encontrei minha bagagem no cais da alfândega e me sentei para aguardar a inspeção. Havia uma expressão peculiar no rosto do inspetor de alfândega quando ele a viu. Não se tratava de uma bagagem elegante de couro de javali, mas uma miscelânea de barris, caixas, sacos de viagem e pacotes. O primeiro barril que ele abriu continha lotes de dobradiças, pregos, parafusos, maçanetas, ferramentas de carpintaria, um balde, rede de pesca, um penico e, no fundo, um revólver com uma caixa de cem cartuchos.

"Trazendo armas de fogo!", disse o inspetor de alfândega ao confiscar minha Smith and Wesson e os cartuchos. Ele atacou o segundo barril. Camada superior: seis copos de geleia de framboesa, a mesma que eu tinha feito clandestinamente naquele apartamento esnobe de Nova York. Ele cavou mais fundo. Embutidos em um mosquiteiro, ele desenterrou um facão e um machado de dois gumes. Embaixo deles, quatro cobertores, lençóis, dois travesseiros de pena e meia dúzia de volumes sobre como construir sua própria casa. Bem no fundo, panelas e frigideiras e um pedaço de toucinho.

Em retrospecto, posso imaginar o que o inspetor de alfândega sentiu. Seu inglês era limitado e meu português, nulo, de modo que um mal-entendido inevitavelmente surgiria entre nós.

Todos os outros passageiros já haviam partido, com a bagagem liberada. Continuei sentada naquele cais abafado, com calor, meus pés doendo e desanimada. Onde estava toda a resolução valente e afiada de ser desbravadora? A quem eu ia provar alguma coisa? Eu estava pronta para tomar o primeiro navio a vapor e voltar para Nova York. Enfiei a mão no bolso e tirei um radiograma amassado que recebera a bordo, do capitão. Veja, eu tinha navegado num navio britânico uma semana antes de ele zarpar, porque ele havia tentado me convencer a não desbravar sozinha. Seu radiograma: "NÃO SEJA TÃO TEIMOSA PONTO NÃO FAÇA NADA ATÉ EU CHEGAR EM SANTOS MEU AMOR". Eu respondi: "NÃO SOU TEIMOSA PONTO VOCÊ NÃO ACREDITOU QUE EU ESTAVA FALANDO SÉRIO PONTO NADA DE MEU AMOR".

Que belo problema eu tinha criado para mim mesma! Quando ergui os olhos, o inspetor de alfândega não estava à vista. Evidentemente, era a hora do almoço dele, e lá estava eu, minha bagagem espalhada por todo lado, sozinha.

Mas não foi por muito tempo. Uma voz cortês me arrancou desses pensamentos. "Café, senhorita?" Era o inspetor de alfândega com uma bandeja na qual havia duas xícaras pequenas e um bule de café fumegante.

Néctar e ambrosia, o que quer que fossem, nunca foram tão divinos como aquele café oferecido com tanta gentileza. Sempre lutei por meus "direitos" ao menor sinal, mas eu amolecia com gentileza.

"Aceite mais uma xícara", disse o inspetor de alfândega. "Você está nervosa e o café vai fazer você se sentir melhor."

"Obrigada", murmurei.

"Não há de quê", ele disse.

"Em quanto me vai multar?", perguntei apontando para meu revólver, cartuchos e ferragens que ele havia separado.

"Nada", ele sorriu, "mas sugiro que você lubrifique essa arma porque o ar salgado logo vai enferrujá-la. A senhorita é muito corajosa indo viver sozinha naquela latitude 25." Com um pedaço de giz, ele marcou alguns hieróglifos na minha carga, disse que eu estava liberada e desejou que Deus me abençoasse.

Sua gentileza me deu coragem para pedir outro favor. Será que eu poderia deixar minha bagagem no cais até descobrir onde ficava a latitude 25 e como chegar lá?

"É um pouco irregular, senhorita, mas o que posso dizer além de sim?"

★

Toda essa bagagem e nenhum lugar para ir! Estava atormentada pelo desejo de radiografar para o capitão Bowen lhe pedindo que viesse me buscar em Santos e me levasse de volta aos Estados Unidos. Mas, se eu cedesse, o valente sonho de descobrir um novo rincão estaria acabado. Vagueei pelo centro da cidade, onde encontrei um restaurante que atendia aos turistas. O gerente me falou de um taxista que havia sido marinheiro em navios americanos e agora trabalhava como guia para turistas ingleses e americanos. Entrei em contato e o contratei. "Leve-me a um lugar ao sul da costa por volta da latitude 25", eu disse. "É o único ponto num espaço de oitenta quilômetros[2] onde as montanhas chegam até o mar."

"Escute, senhora, não há estrada para lá. Tem que esperar a maré baixa e dirigir pela praia... Chama-se Praia Grande. Desculpe-me por perguntar, mas o que é que a senhora vai fazer lá?", ele disse.

"Vou construir uma cabana e morar lá", respondi.

"Puxa! Por quê?", ele perguntou. "Aquele lugar nem é povoado. Ali só vivem índios e pescadores." Estávamos saindo de Santos e indo em direção a Praia Grande para esperar a maré baixa. Reparei em seu olhar desconfiado pelo espelho do para-brisa.

"Você é casada?", perguntou.

"Não", respondi.

"Vai viver em dieta de fome como Gandhi?"

"Não."

"Isso é o que a senhora pensa. Não há comida por aqueles lados além de peixe e palmito, que é o miolo das palmeiras. Já teve malária?"

"Também não."

"Pois bem, terá. Há lá muitos pântanos, muita malária. Cobras também. Inúmeras. Tem medo de cobras?"

"Um pouco."

"Tem que ter cuidado ao apanhar orquídeas — muitas cobras por perto."

---

2   Todas as medidas do original, dadas no sistema imperial, foram convertidas para o sistema métrico. (N.E.)

Orquídeas e malária, palmitos e cobras! Que terra! Eu estava ficando mais assustada a cada minuto e era óbvio que meu motorista estava fazendo o máximo para me dissuadir de ir morar naquela praia enorme. Estávamos dirigindo então por aquela praia que, na maré baixa, ficava lisa como uma estrada.

No horizonte, no mar, avistei a fumaça de um navio que se dirigia à Argentina. A exuberante beleza da mata era como renda verde contra o brilho da praia e a espuma das ondas suaves. "É lindo", pensei, "e poderei observar o navio dele no mar."

O motorista fez uma parada rápida, tirou o chapéu, coçou a cabeça e disse: "Escute aqui, senhora, para que você vai se esconder aqui? Teve que sair dos EUA para escapar de alguma encrenca? Porque, se foi, volto agora mesmo e te entrego ao consulado americano."

Eu estava perto de chorar de medo e solidão, mas olhei firme para ele e disse: "Creio que seja difícil para o senhor, ou qualquer um, entender. É parte de uma promessa para provar algo a alguém."

"Oh, entendo, um desses estranhos votos religiosos, não é?"

Se amar uma pessoa a ponto de sentir anseio por viver de acordo com seu elevado ideal e com a fé que ela deposita em você for "religioso", então, ele estava certo. Continuamos, o motorista manifestou o baixo conceito que tinha de mim com um silêncio sombrio até chegarmos a um ponto que deveria ser aproximadamente a latitude 25. Dois índios curiosos e três pescadores se reuniram ao redor do carro. O motorista balbuciou algo em português para eles. Logo descobri que o motorista perguntara onde eu poderia encontrar o proprietário da terra para comprar uma parte. Mais conversa e eu nada entendia até que meu motorista finalmente traduziu para mim. "Eles dizem que a senhora pode comprar por trinta dólares aquele pedaço de terra lá adiante com a pequena cachoeira na montanha e cem metros de praia."

Mais de mil metros quadrados de terra por trinta dólares parecia barato. "Diga-lhes que vou comprar", instruí o motorista.

"Ah, dê vinte e cinco a eles. Pode me dar os dólares e eu os trocarei por mil-réis, moeda brasileira, para você. Melhor se apressar e fechar o negócio se vamos voltar para Santos antes de a maré subir", ele incentivou.

"Mas eu não vou voltar para Santos. Pergunte-lhes se posso conseguir um lugar para morar até construir minha cabana."

Ele negociou o meu alojamento com Roberto, o pescador bronzeado do tamanho de um viking, acertando o valor de cinco dólares por mês. Perguntei quanto era a corrida. "Vinte e cinco dólares, senhora!" Uma viagem de táxi e um pedaço de paraíso tropical pelo mesmo preço. Depois de negociar com ele para tirar minha carga do cais e enviá-la por caminhão, ele pegou na minha mão e disse: "Adeus, senhora, e que Deus a acompanhe".

Tenho certeza de que, se tivesse voltado para Santos naquela noite, nunca mais teria tido coragem de começar minha vida de praiana num país estrangeiro, sem conhecimento do idioma e longe de qualquer meio de comunicação com o mundo exterior.

Roberto indicou que eu o seguisse pela praia e, depois, a um ponto atrás de algumas dunas. Chegamos à sua casa, uma cabana de sapé escondida atrás da vegetação da praia, que mais parecia uma grande cesta de piquenique abandonada por um gigante do que uma casa. Maria, a mulher de Roberto, apareceu sorrindo pela abertura no sapé que servia como porta e me abraçou afetuosamente. Alguns dos nós na minha garganta que ameaçavam se dissolver em lágrimas desapareceram. Não eram necessárias palavras para sentir a inegável gentileza da sua recepção.

Os ingredientes do jantar borbulhavam num caldeirão de ferro sobre o fogo armado em pedras no chão batido. Um odor suculento de peixe, arroz e ervas estranhas enchia a cabana. Maria e Roberto se ocuparam de fazer uma cama para mim. Enfiaram quatro galhos bifurcados no chão de terra e colocaram pequenos galhos cruzados para servir de mola, atirando por cima um couro cru como colchão. Era noite e apenas o brilho do fogo sob o caldeirão de ferro iluminava a cabana, povoando-a com sombras estranhas. Roberto murmurou qualquer coisa e Maria concordou. Apanhou um facão de meio metro de comprimento e entregou ao marido. Ele sorriu para mim e saiu. Descobri depois que um facão robusto e afiado é parte indispensável do desbravamento. Nenhum curandeiro poderia encontrar uma panaceia tão útil quanto o facão. É excelente para picar tabaco para fazer cigarros, para remover a pele de um novilho, de um javali ou de um veado, para cortar o sapé ou os calos do pé. É igualmente útil como arma de defesa ou para cortar o cordão umbilical de um bebê. Nenhum desbravador que se preze poderia ser visto sem um facão.

No entanto, naquela primeira noite na cabana de sapé, eu não sabia que ato sanguinário Roberto e sua mulher planejavam quando ele saiu sorrateiramente com o seu facão. Logo ele retornou com um cacho de bananas verdes sobre o ombro. Com a corda de uma rede de pesca antiga, ele pendurou as bananas acima da minha cama, em uma posição onde o travesseiro estaria, se houvesse um. Não indaguei sobre esse gesto de hospitalidade, pensando que talvez fosse comparável à gentileza de um bom anfitrião que coloca uma jarra de água e um livro à cabeceira do hóspede. Se soubesse naquela noite que um cacho de bananas pendurado sobre uma cama servia para afastar morcegos sugadores de sangue que preferem bananas a ouvidos humanos, seu segundo alimento de preferência, acredito que teria ido até Santos, implorado para algum capitão me contratar como camareira e voltado para a chamada civilização.

Deitei-me na cama de galhos completamente vestida, pois a cabana tinha apenas um cômodo. Muito depois de Roberto e sua esposa estarem dormindo, fiquei de olhos bem abertos, lutando com as pulgas, matando mosquitos e me virando de um lado para o outro para encontrar uma maneira confortável de descansar nos ramos arredondados. É possível dormir nos ramos, mas só depois de músculos cansados de tanto trabalho agradecerem por estar em qualquer posição horizontal. Nos meses seguintes, a pele das minhas costas tinha tantos vincos que parecia um pedaço de veludo cotelê humano.

Pela manhã, após uma cuia de café preto adoçado com caldo de cana, acompanhei as crianças até o banheiro — um pequeno córrego que saía da cachoeira e serpenteava em direção ao mar. Mesmo após um banho frio, as picadas de pulgas não deixavam de coçar. Eu teria que esperar minha bagagem chegar de Santos para ter meu estojo de medicamentos. Apesar das picadas de pulga e da dor nas costas, eu seguiria com meu desbravamento.

Comecei uma peleja com Roberto, por meio de gestos, desenhando um projeto de cabana na areia, mostrando-lhe uma quantida em dinheiro, apontando para ele e indicando que o pagaria para construir uma cabana para mim. Ele concordou sorrindo com todos os meus gestos, e pensei, minha nossa, que cooperação maravilhosa, alguém servil na selva. Depois de uma hora do meu monólogo, ele apanhou o bendito facão e sinalizou para que o seguisse.

Eu o segui. Andamos cerca de cinco quilômetros na mata, ele na frente, cortando os caminhos na densa vegetação. Cravava a ponta do facão em grandes árvores, meio que uma prática de baioneta pelo que me pareceu, e sacudia a cabeça negativamente. Entendi que ele estava procurando madeira de lei para vigas e caibros do telhado, e a floresta perto da praia estava apodrecendo. Continuamos, ele pulando pelas montanhas com a facilidade de uma gazela, e eu bufando ofegante atrás, mas nenhuma árvore parecia satisfazê-lo e ele seguia cravando o facão. Finalmente, para minha vergonha, desabei para descansar, apontei para minha garganta, estendi a língua para fora, ofeguei, fiz mímica de sede extrema. Não havia nascente, riacho ou sinal de um, mas eu continuava a ofegar. Roberto acenou indicando ter entendido, querendo dizer que nada era mais fácil do que conseguir algo para eu beber. Irritada, eu desejava que ele parasse de concordar sempre comigo a cada obstáculo. Pois não tinha eu sobre ele todas as vantagens da civilização e sabia que o impossível era impossível? Aprendi desde aquele dia e ao longo desses anos que o único obstáculo insuperável é a mente confusa de quem está acostumado a depender de coisas materiais em vez do simples conhecimento de usar e reconhecer a generosidade da natureza.

Roberto estava usando uma folha de pândano para fazer um copo. Vou deixá-lo tirar água de pedra, pensei. Ele estudava criteriosamente os cipós que uniam as árvores em uma confusão semelhante a uma teia. Ele escolheu um sem folhas, um quarto de polegada de espessura, cortou-o ao meio com seu facão, coletou um fluido branco leitoso utilizando copo de pândano e o empurrou em direção à minha boca. Balancei a cabeça — não. Ele não ia me fazer beber leite de uma vaca da selva sem chifres ou cauda. Eu era inteligente demais para isso. Leite de lata, sim, mas de uma árvore, não. Sem se mostrar ofendido com minha falta de educação, ele bebeu a substância leitosa. Eu o observei para ver se ficaria envergado de cólica. Sentamos e esperamos. Ele permaneceu robusto. Sorria para mim como um pai afetuoso faria diante da teimosia de uma criança. Minha transpiração havia secado na pele com rigidez pegajosa. Minha garganta estava em brasas. Finalmente entreguei os pontos. Ele cortou outro cipó e tirou duas colheres do leite. Engoli. O fluido fresco e sem sabor era como um bálsamo.

Não havia como eu saber naquele tempo que o caboclo, como é chamado o sertanejo brasileiro, tem fé e entendimento em um Deus misericordioso onipresente.

Um Deus amoroso que, além de notar a queda de um pardal, colocou tudo de que o homem precisa na terra, no lugar e na ocasião exatos, e que não negligenciou recursos para o mais humilde.

    Nunca encontrei um caboclo que se queixasse da falta de coisas. Jamais conheci um caboclo que não soubesse instintivamente onde buscar e encontrar a necessidade do momento. Levei tempo a dar valor à abundância de recursos, habituada que estava ao conforto do método A&P.[3] Teria que aprender a lei do S&P, ou seja, "sair e pegar".

    A cepa de leite é encontrada onde não há água ou nos pontos onde a lama estagnada torna a água do pântano imprópria para o consumo. Quando aprendi a entender o português, Roberto me disse que Deus colocou a videira no local onde um viajante teria sede — o momento e o local da necessidade sendo atendidos.

    Nos penhascos rochosos, em meio aos veios minerais, a planta da arnica força seu caminho por entre o quartzo. A arnica é encontrada onde uma mula de carga pode escorregar e se machucar, e nada é mais fácil do que quebrar a planta e esfregá-la no local da dor.

    Quando você tem dúvidas quanto à direção das frequentes tempestades, conhecimento muito necessário ao se construir uma cabana de sapé que não seja levada por elas, basta procurar uma casa de barro, como a do pássaro joão-de-barro, com porta e janela do lado protegido dos ventos.

    Ou então: o que você faz se está embrenhado no campo, como uma pradaria é chamada no Brasil, e um incêndio começa? A ema dá o exemplo. Antes de pôr seus ovos, ela limpa a grama com as garras em um círculo de três metros e meio, mais ou menos um aceiro perfeito. Se ela estiver chocando e sentir o cheiro da

---

3   The Great Atlantic and Pacific Tea Company foi uma rede de supermercados fundada em 1879, em Nova York, e que existiu nos Estados Unidos e no Canada até 2015. (N.E.)

fumaça carregado pelo vento, ela molha suas penas em um riacho e as sacode ao redor do círculo, umedecendo o capim seco como precaução extra.

Pescar em um rio na selva sem anzol ou linha, em um lugar onde uma armadilha é impraticável, é fácil para o caboclo. Ele corta outro tipo de videira, o timbó, raspa a casca, esmaga o miolo até formar uma massa pegajosa e joga onde pensa que os peixes estão. O timbó é uma planta da qual é feita a rotenona, um inseticida que paralisa qualquer vida animal de sangue frio. Poucos minutos após o timbó estar no rio, os peixes vêm à superfície, atordoados e meio paralisados, então, qualquer pessoa pode apanhá-los. A rotenona do timbó não é prejudicial em pequenas doses para os seres humanos. É fácil estar aqui sentada e escrever isso agora, mas tivemos que conhecer a fome e a necessidade extrema por pelo menos dois anos até que também aprendêssemos esse conhecimento inestimável.

Mostraram-me a planta que é encontrada em todas as selvas do Brasil, o sangue-de-cristo. Suas folhas têm cerca de oito centímetros de comprimento, são macias e lisas como seda, e no centro há uma mancha vermelha como sangue. Os sertanejos acreditam que essas plantas marcam o caminho que Cristo percorreu entre todos os povos da terra.

Refrescada com meu gole de leite, segui Roberto quando subiu o morro até chegarmos à mata onde havia árvores de madeira boa. Ele marcou seis delas — a construção da minha cabana. Como ele levaria os troncos até a praia, eu não sabia, mas isso não parecia preocupá-lo. Agora era hora de voltarmos. Mas não, ele fez sinal e apontou para o sul, para um vale, e eu o segui em silêncio. Devemos ter levado uma hora lutando para descer pela mata; perdi a noção do tempo e o interesse pela vida. Meu rosto estava coberto de picadas de mosquitos, meus braços, arranhados e sangrando por conta dos espinhos. Estava alerta para as cobras que o taxista mencionou, mas não vi nenhuma. Finalmente, Roberto se sentou e apontou para um riacho serpenteando entre os caniços. Tapetes de ninfeias brancas, amarelas e azuis disfarçavam a largura do curso d'água. Pássaros com cores do arco-íris voaram assustados com nossa aproximação. Apesar do sofrimento físico, eu estava encantada diante da pura beleza do rio e das ninfeias. Roberto colocou a mão embaixo do meu queixo e direcionou minha cabeça para cima, apontando, e então eu as vi — centenas de milhares delas, orquídeas nas árvores. Roxas, douradas, brancas, marrons, verdes — árvores podres carregadas de orquídeas. Até onde eu podia ver, havia orquídeas e mais orquídeas. Parecia que um arco-íris havia caído na terra e ficado preso nos galhos secos de uma floresta morta.

Roberto se enfiou no brejo, subiu em uma árvore e arrancou um punhado de orquídeas em flor. Com a lama gotejando até a cintura, ele veio e atirou as orquídeas em meu colo. Eu não sabia se ele queria que eu as comprasse ou se estava me dando de presente, então, coloquei a mão no bolso em busca de algumas moedas e ofereci a ele. Ele sacudiu a cabeça negativamente, sorrindo com ar divertido.

Mais tarde, ele me contou que tinha apanhado as orquídeas porque sabia que eram muito apreciadas por estrangeiros. Todo aquele vale de plantas maravilhosas era uma terra que não pertencia a ninguém, e os colecionadores de orquídeas eram os únicos que entravam lá em busca de espécies raras.

"Por que você não coleciona orquídeas?", perguntei.

"Oh, não, orquídeas não — não se pode comê-las e não servem para alimentar as galinhas", ele explicou.

CAPÍTULO

56

UMA SEMANA DEPOIS, NUM SÁBADO,

FOI O DIA DE CONSTRUIR A MINHA CABANA. MINHA BAGAGEM CHEGOU

de Santos e entulhava o pequeno abrigo de Roberto. Grandes preparativos foram feitos em volta do fogo. Uma panela de cobre cheia de arroz, um leitão assado no espeto e, na panela de ferro, cozinhavam meia dúzia de frangos. O momento de construir uma casa significava celebração, e Roberto convidou todos os homens das proximidades para ajudar. Eles iam trabalhar e erguer a cabana em um dia, sem cobrar nada além de uma refeição à noite ao som de uma viola. Roberto havia alugado bois e uma corrente, e assim arrastou os troncos de madeira de lei até o local do meu futuro lar.

De trás das dunas de areia e da floresta vieram os "vizinhos", suas esposas e seus filhos. Cada homem trouxe uma ferramenta: picareta, enxada ou facão. Devia haver quase cinquenta homens sorridentes e ansiosos para começar o trabalho depois que cada um recebeu uma cuia de café. As mulheres permaneceram na cabana com Maria. Em algumas horas, os voluntários tinham limpado e nivelado o terreno. As picaretas prepararam as vigas e as ripas de madeira. Eles cantavam enquanto trabalhavam e riam alto, e eu estava sentada na sombra de uma árvore, admirada. Aqueles homens não sabiam nada sobre mim, nem mesmo meu nome, e ainda assim, ao chamado de Roberto, vieram com alegria para me ajudar. Não aceitavam dinheiro pelo trabalho, mas eu encontraria outra maneira de recompensá-los. Na minha mala havia parafernálias de que eles provavelmente precisariam e eu as compartilharia com todos.

Ao meio-dia, a madeira estava empilhada e pronta para ser usada. Os homens pararam para uma refeição. Havia apenas cinco pratos na cabana de Roberto, mas eles se revezaram para comer. Depois que estavam satisfeitos, as crianças foram alimentadas e o que restou ficou para as mulheres.

Trabalharam durante toda a tarde e a estrutura foi erguida. As mulheres desapareceram e retornaram uma hora depois com feixes de sapé para o telhado. Quando a primeira fila de sapé foi amarrada com cipós no caibro, quatro crianças vieram até mim com braçadas de flores: ninfeias, uma flor roxa parecida com cornáceas, orquídeas-da-praia alaranjadas e ramos de mimosas amarelas. Elas apontaram para as flores e depois para o telhado. Eu sorri. Elas sorriram. Eu sorri. Elas apontaram novamente. Josefa, grande, desajeitada e meio indígena, veio e afastou as crianças como se fossem moscas. Apanhou as flores e murmurou qualquer coisa. Interpretei como um sinal para eu subir no telhado. Comecei a escalar, pisando na abertura deixada na madeira como janela. Uma dúzia de mãos me puxou para trás, dizendo "não". Josefa indicou que eu me sentasse dentro da casa sob a viga do telhado. Sentei-me, pensando, o que tenho a perder? Assim, as mulheres e os homens dividiram as flores entre si, cada um segurando uma, subiram nos caibros e colocaram as flores em posição vertical, usando as ripas como suporte, como se fosse um vaso. A cabana tomou a aparência de um chapéu enfeitado. Eu não sabia o que esperavam de mim, então aplaudi. Silêncio. Um dos homens rezava. As flores foram colocadas no telhado como um símbolo de felicidade e boa-vontade. A oração era uma bênção para o futuro ocupante. Esse belo costume de coroar uma casa ou um arranha-céu com flores no dia em que o telhado é colocado ainda perdura em todo o Brasil.

Durante mais de um mês, lutei para aprender português. A velha Josefa foi minha professora. Ela assumiu a responsabilidade de vir todos os dias à minha cabana e cozinhar para mim um pouco de arroz para comer com peixe. Foi ela quem pendurou cascas de laranja secas sobre meu fogão de pedra para eu começar a acender o fogo com elas, em vez de usar papel ou lenha. Josefa não sabia ler nem escrever, mas possuía um conhecimento de sobrevivência que ia além de qualquer aprendizado encontrado nos livros. Eu estava bastante cansada de só comer peixe, arroz e palmito, então decidi fazer uma horta. Tentei destocar o terreno no fundo da minha casa, mas as raízes eram profundas demais, o sol quente demais e eu hábil de menos no manejo da enxada.

"Como a senhora é burrinha, dona Joana", disse Josefa quando se cansou de assistir a meus esforços inúteis de preparar a terra. "Muito desajeitada. Creio que você não aprendeu nada na sua América do Norte."

"Os Estados Unidos são considerados o país mais desenvolvido do mundo", repliquei, embora minhas mãos estivessem cheias de bolhas e o suor me picasse como sal sobre uma ferida.

"E daí?", ela perguntou pacientemente. Pensou um pouco. "Se a senhora me der aquele par de sapatos vermelhos tão bonitos que vi na sua mala, terá o seu quintal arado e adubado até o pôr do sol de amanhã."

Concordei em trocar um par de sapatos de salto vermelhos por um terreno arado e adubado. Ela saiu cantarolando e voltou dali a meia hora com um par de porquinhos.

"Veja como é muito fácil", ela explicou enquanto amarrava tiras de fibra de palmeira na perna traseira de cada porco. Depois, os amarrou em estacas nos cantos da minha futura horta. Eles imediatamente começaram a fuçar. As raízes teimosas surgiram. "Agora ficamos sentadas e eles trabalham. Quanto mais raízes eles comerem, maior será o depósito de fertilizantes. Dona Joana, a senhora nunca deve fazer o que um porco pode fazer por você." O que eu poderia dizer além de concordar?

Josefa acendeu seu cachimbo, feito de uma pequena noz de palmeira, e começou a fumar enquanto me estudava. De vez em quando, ela olhava os porquinhos ocupados e satisfeitos.

"Dona Joana", ela exclamou por fim, "por que é que a senhora não tem um homem?"

"Tenho mais ou menos", repliquei. "Ele é capitão de um grande navio e, por enquanto, não pode estar comigo."

"Nenhuma mulher tem um homem a não ser que o tenha ao seu lado", Josefa resmungou com firmeza.

Observou-me cuidadosamente, um tanto como um juiz estuda as qualidades de um animal premiado numa exposição de gado. "A senhora não é feia, mas não é bonita. Vou dar um jeito nisso." Ela se levantou com esforço e começou a apanhar algumas ervas de aparência estranha. Josefa pesava cerca de cem quilos. Suas mãos eram nodosas e rachadas; seus pés, descalços e espalmados; sua pele, marcada por cicatrizes.

"Josefa, como é que você prende o seu homem? Ou ele te considera bonita?", perguntei.

Ela continuou apanhando as ervas misteriosas. Depois parou para falar. "Para prender um homem ao seu lado, uma mulher tem que ser bonita ou se fazer necessária. Meu marido é coxo. Ele precisa de mim para ter força. Ser necessária vale mais do que ser bela."

"Está sugerindo que eu faça o capitão ficar estropiado para mantê-lo ao meu lado?"

"Não, não. Depois que eu te arrumar, a senhora ficará linda." Eu a observei lavar o punhado de ervas em uma gamela e, depois, espremê-las até que uma substância verde e viscosa escorresse. "Agora venha cá", ela ordenou. Obedeci. Josefa mergulhou minha cabeça em outra bacia de madeira com água de nascente e despejou a meleca verde por cima. Esfregou e massageou aquela coisa até parecer que eu tinha mergulhado a cabeça numa bacia de cheia de claras de ovo verdes.

"Deixe secar ao sol", ela disse, me empurrando para fora. "Vou mudar as estacas dos porcos."

Fiquei apavorada. E se essa substância tingisse meu cabelo de verde? Comecei a pensar que os esforços para prender um homem não poderiam valer aquela tortura.

"Josefa, que porcaria de erva é essa que você colocou em mim?", gritei.

"Guanxuma."

"Guanxuma?", eu repeti.

"Ah, sim, uma planta que transmite força e vida para o cabelo e a pele", ela explicou.

"Você quer dizer que tem vitaminas nisso?"

"Não sei o que é uma vitamina, dona Joana. Só conheço as plantas que têm força e vida." Josefa se acocorou ao meu lado novamente. "Quando secar, lavamos seu cabelo e seu rosto. Ficarão macios feito barriga de peixe."

Era exatamente o que eu temia.

"E seu cabelo nunca ficará branco, porque cabelo branco é cabelo cansado e guanxuma devolve o vigor", ela acrescentou.

Depois que minha cabeça foi enxaguada, meus cabelos estavam como seda e eu sentia meu rosto queimado de sol mais suave. Até hoje, usamos o suco da planta guanxuma para cabelo, rosto e banho. É como um sabão líquido e amacia até mesmo os pelos da barba do meu marido. É uma erva comum encontrada em todo o Brasil.

Na tarde seguinte, Josefa retornou e mediu o terreno arado e fertilizado. Media cerca de seis por nove metros e estava sem raízes.

"Você ganhou, Josefa", eu disse, "aqui estão os sapatos vermelhos." Eu calço 33, e ela deve calçar uns 36. Ela tentou colocá-los em vão e, então, com um riso, apanhou o facão e cortou as pontas, dando também um talho nas laterais. Só assim conseguiu enfiar os pés.

Tão impressionada fiquei com a bondade daquela gente que não permitia que eu me deixasse vencer pelos obstáculos — como eles diziam, "você não deve ficar triste, há um jeito" — que desejei contribuir de algum modo para a comunidade. A única coisa que eu poderia oferecer eram os remédios que tinha trazido comigo. Quando eu disse a Josefa que ela poderia falar para as pessoas que eu daria medicamento aos que estivessem doentes, não sabia que reuniria todos os habitantes dentro de oitenta quilômetros. Não cogitava ter a reputação de uma Florence Nightingale do rincão. Quando fiz a oferta, era um desejo um tanto desesperado de retribuir e contribuir com algo construtivo. Talvez no subconsciente eu tenha pensado que era a contribuição da civilização para vidas primitivas, e paguei caro por isso.

Todas as manhãs de domingo, minha porta estava repleta de enfermos e coxos. Pais vinham carregando crianças, grávidas me procuravam em busca de ajuda. Casos de malária, amarelão, caxumba, panariço, feridas tropicais, cortes de machado ou facão, dores de dente e até um caçador com uma bala no pé. Meus suprimentos médicos consistiam em aspirina, bicarbonato de sódio, iodo, gazes, um preparado de vaselina para queimaduras, colírio, repelente de insetos e sais de Epsom.

Eu não sabia nada sobre enfermagem, exceto os simples tratamentos caseiros para doenças comuns. Minha experiência em matéria de obstetrícia se limitava a ver ninhadas de gatinhos nascerem. Não costurava nem mesmo botões com cuidado, quanto mais suturar uma ferida.

Certa manhã de domingo, quando a multidão de doentes chegou, entrei em pânico e chamei Josefa para dentro da minha cabana. "O que você disse a eles?", perguntei desesperada. "Não sou médica, nem enfermeira, nem tenho experiência com isso!" Vi pela sua expressão que ela tinha feito um bom trabalho de propaganda e eu estava determinada a fazê-la falar. "Conte-me o que você disse a eles, Josefa, vamos", e a sacudi.

"Eu só disse a verdade, dona Joana", ela respondeu. "Contei que vi você curar o filho do Antônio, mesmo que não o tenha visto de fato."

Uma semana antes, Antônio, um lenhador, visitou minha cabana e disse, ou pelo eu acho que disse, pois meu português ainda era ruim, que sofria de crises de vômito e dores de estômago. Era tão grave que nem água conseguia manter na barriga. Pois bem, eu tinha bicarbonato de sódio, então coloquei uma colher de chá em uma caneca de água e tentei fazê-lo beber. Ele insistiu que nada parava no estômago. Eu disse para ele não ser tão tolo, que tomasse o bicarbonato. Ele continuou teimando, mas acabei vencendo. Observei-o por cinco minutos, por dez minutos, e, fora um arroto, nada aconteceu.

"Está vendo", eu murmurei com um tom acolhedor, "o remédio ficou no estômago."

"Mas, senhora", ele disse, "não sou eu que estou doente. É meu filho pequeno. Ele está a duas léguas daqui, em meu rancho."

Minha carreira de enfermeira teria acabado ali mesmo se eu tivesse tido o bom senso de ficar de boca fechada quando vi Antônio novamente. Josefa estava comigo e ouviu a conversa.

"E como está seu pequeno?", perguntei a ele.

"Oh, senhora, você é uma boa médica, muito boa. Quando cheguei em casa naquela noite, dei aquele remédio para o meu filho. Ele não vomita mais."

Foi o suficiente. Antônio e Josefa espalharam aquela notícia como incêndio que se alastra pela pradaria. Tentei dizer à fila de pessoas doentes que eu não podia curá-las e a resposta era sempre a mesma: "Não se preocupe com os obstáculos, dona Joana, a senhora vai encontrar uma maneira."

Havia trinta e quatro pacientes naquela manhã de domingo, com doenças que iam de malária a picada de cobra. Distribuí aspirina e sais de Epsom, apliquei iodo na picada de cobra. Quando cheguei à mulher grávida, disse a ela que era melhor ir para Santos para ser internada num hospital.

"Não, a senhora vai ajudá-la", disse o marido.

"Mas eu não posso, eu não sei como", repliquei assustada. O marido sorriu de minha modéstia sobre os meus poderes médicos. "Venha", ele disse à esposa, conduzindo-a para dentro da minha cabana e a deitando na minha cama de estacas.

"José, leve-a embora, por favor. Eu não sei como ajudá-la", pedi.

"Não, senhora, ela fica aqui e a senhora vai trazer meu primogênito ao mundo." Dito isso, acocorou-se no chão da cabana, acendeu seu cachimbo e permaneceu impassível.

Sua esposa, Maria, era uma moça de uns dezenove anos, e tão bonita quanto uma madona. O suor escorria pelas suas bochechas, os cabelos estavam úmidos de dor e seus olhos de animal ferido pediam-me silenciosamente para ajudá-la.

"José, leve-a embora, por favor", eu implorei.

"É tarde demais. A senhora vai ajudá-la."

"Josefa!", gritei. Ela entrou bamboleante na cabana. "Josefa, o que devo fazer? Como vou ajudá-la? Você deve saber. Você sabe tudo, Josefa."

"Não, senhora, disso de trazer ao mundo uma alminha eu não sei nada", disse ela com calma. "De porquinhos eu entendo, ou uma cabra, mas de gente nada. Meu marido não presta como reprodutor, então, nunca precisei aprender sobre nascimento de gente."

"Oh, Deus, nosso Pai, ajude-me, mostre-me o caminho, mostre-me que não há obstáculo", rezei.

"Josefa, vamos colocar latas de água para ferver", falei, lembrando-me vagamente que os médicos sempre pediam muita água quente, mas sem me recordar para quê.

Josefa foi até o riacho e trouxe baldes de água. Atiçou o fogo. Esperamos cerca de uma hora. A água estava fervendo. José continuava imóvel, fumando. As dores de Maria aumentaram. Eu enxuguei o rosto dela e coloquei panos úmidos em sua testa. Ela me pediu para amarrar uma corda pesada numa viga, dando-lhe um nó mais ou menos um metro acima da sua cabeça. Quando vinham as dores, agarrava a corda e forçava as contrações.

A noite chegou e, naquela cabana, só se ouvia a respiração agoniada de Maria. Mais da metade da água havia evaporado e Josefa, desaparecido. Por volta das dez horas, ela voltou com uma panela de comida: peixe cozido, brotos de bambu e arroz. Ela serviu um pouco num prato para mim, uma porção igual para José e colocou o resto em uma tigela para a moça. A coitadinha recusou a comida. Eu também não conseguia engolir. As dores de parto de Maria haviam cessado e ela jazia numa espécie de estupor exausto. Eu estava certa de que ela ia morrer.

"Duas burras e tolas", exclamou Josefa. "Como é que podem ter forças sem comida?" Ela, então, comeu o meu prato e o de Maria. "Agora vou embora, mas volto", disse enigmaticamente.

Quando voltou, trouxe uma lamparina. Apagou a luz e então despejou um pouco do óleo numa cabaça. "Engula isso, sua tonta", ordenou à exausta Maria. "Isso causa uma grande dor de barriga. O bebê fica bravo e, então, nasce."

Eu arranquei a cabaça das mãos de Josefa. Querosene com certeza mataria a pobre moça. Ela o puxou de volta e, antes que eu pudesse impedi-la, despejou o conteúdo na boca de Maria. Depois, sacudindo as ancas em sinal de desprezo, desapareceu noite adentro.

Fiquei sentada na cama, verificando o pulso de Maria, esperando pela sua morte. Meu corpo doía. A cada contração que ela tinha, eu me contraía também e o medo acelerava meu pulso. Dali a quarenta minutos, mais ou menos, o corpo de Maria se contorceu de dor, mas nenhum grito escapou de seus lábios. De repente, ela fez um esforço como se fosse levantar e, do seu corpo, escorregou um bebê. Tentei pegá-lo, mas estava escorregadio e ainda preso pelo cordão umbilical. Eu o embrulhei em um lençol. Quando ergui os olhos, José, o pai, estava ao meu lado segurando seu facão.

"Corte aqui", ele indicou, medindo a distância de uma palma do corpo do bebê ao longo do cordão. "Corte", ele repetiu. Peguei o facão e o encarei. Não tinha coragem. Ele me entregou um pedaço de linha de pesca de quase quinze centímetros. "Amarre aqui e corte", ele insistiu.

"Corte, dona Joana", pediu Maria, sorrindo. Amarrei o cordão com a linha de pesca na distância apropriada e, então, cortei. E, pela primeira vez na minha vida, desmaiei.

Quando recobrei os sentidos, Josefa estava lá. Ela tinha embrulhado o bebê e deixado a mãe confortável. Maria se dirigiu a mim. "A senhora trouxe uma criatura ao mundo. Obrigada, muito obrigada."

"Então, você não vai morrer e o bebê não vai morrer?", perguntei, certa de que um pedaço sujo de linha de pesca e um velho facão eram garantias de infecção.

"Oh, não, eu sou muito forte."

Notei o borbulhar da água fervente no fogão. "A água quente, Josefa, Maria, o que fazemos com a água quente?", perguntei. Os olhos de Maria brilharam quando ela me respondeu.

"Use a água para fazer café, dona Joana. A senhora está bem precisada! Passou por um mau bocado."

★

As semanas se transformaram em meses. O período experimental de três meses se esgotou e, então, o quarto, o quinto e já íamos para um ano. Minha clínica gratuita cresceu. Eu só deixava minha pequena cabana de sapé uma vez a cada dois meses para apanhar o ramal de Juquiá — trens que transportavam carregamentos de bananas — até Santos nos dias em que o navio do capitão era esperado no porto. As companhias farmacêuticas de Nova York lhe davam grandes remessas de medicamentos gratuitos para trazer para mim. Os inspetores da alfândega nunca cobravam impostos sobre os remédios, pois sabiam que eu os distribuía gratuitamente. Anos depois, descobri que estava sendo observada pelas autoridades secretas e que eu tinha uma boa ficha!

Havia grande curiosidade nas colônias americana e britânica, tanto em Santos quanto em São Paulo, a respeito da americana solteira "enfurnada" em um pedaço de selva costeira e as especulações diferiam: segundo alguns, eu era louca, enquanto outros estavam certos de que, conforme o taxista havia sugerido, eu me escondia de algum delito. Eu sempre recusava os convites para participar das festas alegres dadas pelos compradores de café em Santos ou dos bailes e jogos de cartas nos clubes sem nunca apresentar um motivo para meu comportamento antissocial.

Quando o navio do capitão deixava o porto e os três apitos de despedida se dissipavam, eu voltava a bordo do trem das bananas para minha cabana na praia. Não ousava me deixar ficar muito solitária porque, quando isso acontecia, vinha-me o pânico e o desejo de correr de volta para o anonimato seguro de uma cidade grande.

Despojei-me de quase todos os meus adornos e roupas em troca de sementes e mão de obra. A minha horta tentava sobreviver bravamente no terreno arenoso, mas o ar salino crestava as plantinhas, que acabavam por desistir. Batatas-doces e amendoins prosperavam, no entanto, de modo que agora eu podia comer batata-doce e arroz em vez de apenas arroz e banana.

Cada dia era uma nova experiência, por vezes penosa, mas inestimável para desbravamentos futuros. A primeira galinha choca que eu comprei teve que ser levada para dentro da minha cabana, pois as raposas-do-campo e os gatos-do-mato a caçariam se ficasse de fora. Certa vez, estava eu socando arroz num pilão para transformá-lo em farinha para bolo quando, de repente, comecei a sentir uma coceira. Descobri que não apenas eu, mas todo o meu abrigo estava infestado de piolho de galinha. Como sempre quando deparava com um "obstáculo", gritei por Josefa. Como poderia me livrar daquela praga? Não poderia queimá-los sem queimar minha cabana. Não havia água fervente que bastasse para acabar com os miseráveis. Lembre-se de que eu estava no sistema "sair e pegar" e não havia aprendido onde nem como colher inseticidas.

Josefa caiu na gargalhada, pois podia ver que eu estava perto de chorar. "Como a senhora é burrinha, dona Joana", ela começou. Eu passei a amar essa expressão, pois, quando ela me chamava de burrinha, sabia que tinha a solução pronta. Admito que fui forçada à posição de ser um comitê de uma só mulher em defesa do sistema educacional dos Estados Unidos, mas minha nota era lamentavelmente baixa no que diz respeito ao desbravamento prático.

"Como a senhora é burrinha! Venha, vamos acabar com esses piolhos de galinha."

Passei a acreditar que nossos ancestrais pioneiros do Oeste não foram vencidos por lutas contra indígenas, tempestades de neve ou travessia de rios, mas por inúmeras pequenas frustrações. Ficar sem sal, combater insetos, roupas se desgastando, até mesmo a falta de um grampo de cabelo ou do pano indispensável às mulheres mensalmente devem ter feito muitas desistirem antes de chegarem ao Mississippi.

Fui atrás de Josefa para ver que solução iria dar ao caso. Ela se abaixou e apanhou uma erva daninha com um caule cheio de sementes. E outra, e outra, até ter um punhado delas. "O nome disso é erva-de-santa-maria. Cheire!", ela falou.

Cheirei e foi o suficiente para acabar comigo, imagine com os piolhos. Ela transformou parte do punhado de ervas em uma vassoura e enfiou o resto no teto de sapé e nas paredes de pau a pique. "Comece a varrer", ordenou, enfiando a vassoura na minha mão. Enquanto eu varria, as sementinhas caíam e se alojavam no chão de terra. Como toque final, ela esfregou um punhado das sementes na galinha.

"Agora é com você — faça o mesmo, esfregue um pouco da erva em você, tire suas roupas, deixe-as de molho em água com um pouco de erva-de-santa-maria também e você não terá mais coceira."

Josefa estava certa novamente. Perguntei a ela que erva milagrosa era aquela e ela respondeu: "Santa Maria". Parece que Maria, mãe de Deus, havia feito aquela erva crescer nos lugares onde poderia ser útil. O suco é um medicamento poderoso usado para matar vermes, um remédio conhecido como quenopódio. Uma vez, em algum lugar, um chá de erva-de-santa-maria foi dado a crianças com vermes, curando-as, e então a lenda de que Nossa Senhora, em seu amor piedoso pelas crianças, colocou a erva onde era necessária espalhou-se.

Aquela velha galinha choca significava muito para mim — representava o começo de uma criação de pintinhos. Não queria me desfazer dela; por outro lado, não sabia como conseguiríamos viver sob o mesmo teto. Se eu a deixasse do lado de fora, certamente seria morta.

"Josefa, leve essa galinha e os ovos e eu lhe darei metade dos pintinhos", negociei. Mas ela não tinha intenção de me deixar escapar com essa facilidade.

"Não, senhora, vou mostrar como é que se faz e a senhora nunca esquecerá."

Ela tirou um pouco de carvão do fogão e delineou um ninho no chão. "O carvão chupa a umidade." Passo número um: "Amarre a perna da galinha com uma corda para que ela não possa se afastar muito do ninho. Não deve ser permitido que ela responda ao chamado de um galo". Passo número dois: "Ponha folhas de fumo verdes do lado de fora do carvão para pegar qualquer inseto. As folhas verdes são pegajosas e nada pode passar por elas".

Eu sempre pensei que qualquer um poderia criar uma galinha. Aqueles ovos não vingaram porque veio uma forte tempestade de trovão. Os ovos se abriram com a vibração. Nem mesmo Josefa tinha um meio de evitar a cólera das nuvens.

Acrescentamos uma nova ala à cabana para servir de enfermaria e, muitas vezes, alguém doente e fraco demais para viajar passava a noite em uma rede lá dentro. Ao redor da cabana, plantei ervas que me dariam anilina — tinta azul — que eu tinha encontrado na mata. Elas serviriam para tingir fios quando eu aprendesse a fiar. Eu havia coletado ou ganhado mais de cinco mil orquídeas e tinha um belíssimo espetáculo nas árvores ao meu redor. Certo dia, saí em busca de orquídeas e encontrei orquídeas brancas que pensei serem raras. Elas cresciam no chão e se enrolavam nos troncos das árvores. Arranquei algumas pela raiz e as plantei à volta das paredes da minha cabana. As flores, eu cortei e meti todas numa cabaça com água. Desta vez, foi Roberto quem resmungou com meu desperdício. Eu não podia justificar a seus olhos o crime de colher as flores da rara orquídea de baunilha. Pois minhas orquídeas brancas nada mais eram do que botões de baunilha que poderiam ter amadurecido como favas.

O primeiro ano havia passado e era novamente o dia da chegada do navio do capitão. Fui a Santos e esperei o navio atracar no cais. Quando olhei para a ponte e vi não ele, mas outro comandante em seu lugar, fiquei atordoada. Estava atônita e amedrontada. Puxei a manga do agente da companhia. "Onde está o capitão Bowen?", eu perguntei.

"Ah, ele não vem mais. Foi promovido a capitão do Porto de Nova York", ele disse.

Pensei que fosse desmaiar. Eu queria gritar com ele, dizer que estava mentindo, arrancar a expressão de satisfação de seu rosto, que dizia: "seu romance tropical acabou".

"É uma pena a senhora ter se enterrado naquela praia. Poderia ter uma vida social muito agradável por aqui", ele acrescentou. "Acho melhor não ser tão arisca agora. Nossas esposas não gostam que a senhora nunca as tenha convidado para ver como vive!"

"Eu adoraria recebê-las para um chá neste sábado à tarde", disse eu com uma voz tão fria que não parecia me pertencer. "Faça o favor de dizer a essas senhoras que as espero."

De alguma forma, encontrei meu caminho de volta à estação para pegar o trem das bananas. Andei às cegas, mais por instinto do que por qualquer outra coisa, os três quilômetros da ferrovia de volta à minha cabana. Não havia carta de explicação. Ele aceitou um novo cargo. Era o fim.

Aquilo aconteceu em uma terça-feira. Nos três dias seguintes, eu, Josefa e Roberto nos esforçamos fervorosamente para montar uma varanda do tipo casa de veraneio, com mesa e bancos rústicos. Eu a enfeitei com orquídeas. Assei bolinhos de farinha de arroz. Torrei café à perfeição.

Pela primeira vez, Josefa ficou em silêncio. Minha conduta a deixou perplexa e suas respostas não eram alegres e brincalhonas como de costume.

Eu tinha certeza de que a visita das senhoras de Santos se baseava na curiosidade a respeito da minha vida selvagem e estava determinada a manter uma postura corajosa. Não ousei contemplar o futuro. Sabia que não poderia continuar vivendo na praia. Como um recanto do paraíso à espera da realização de um sonho, era perfeito, mas como lugar para se ganhar a vida estava fora de questão. Orquídeas, peixes e batatas-doces, palmitos, amendoins e solo pobre. Sem dinheiro, sem renda, e o que aconteceria com a minha clínica para os pobres?

Na manhã de sábado, Josefa procurou me deixar "bonita". Vestida na única seda estampada respeitável que me restava, aguardei minhas convidadas. Elas chegaram em dois carros pela longa praia, fazendo o mesmo trajeto que eu havia feito um ano antes, quando procurava a latitude 25. Pedi a Josefa que me ajudasse a servir e ela se postou na varanda como um anjo da guarda raivoso. As senhoras chegaram. Apertamos as mãos. Eram mulheres bem-vestidas, arrumadas e graciosas. Meus receios haviam sido apenas imaginários ou defensivos.

Um grito indignado me fez girar. Josefa havia arrancado o chapéu e o véu da primeira convidada a se sentar. Eu estava tão horrorizada que não conseguia lembrar uma palavra de português. Tentei dizer a ela em inglês que parasse com aquilo, mas não havia como. Ela ia arrancando os chapéus das visitas com muita concentração e eficiência. Consegui finalmente empurrá-la para longe e, para encobrir minha humilhação, ordenei que fosse embora. Agora, aquelas senhoras teriam certeza de que era malícia deliberada da minha parte, pois Josefa disse, ao partir: "Só fiz o que a senhora me mandou fazer".

Aquelas senhoras não saberão, a menos que leiam este relato, o que aconteceu naquele dia. Eu disse a Josefa, antes da chegada das minhas convidadas, que pegasse os seus chapéus e pensei ter usado a palavra em português "pegar". No entanto, atordoada e infeliz como estava, usei a palavra errada: "Arranque os chapéus das senhoras".

Minhas convidadas ficaram apenas o tempo de beber uma xícara de café e beliscar um pedacinho de bolo de arroz. Depois que elas se foram, caminhei a noite toda pela praia. O maldito Cruzeiro do Sul parecia mais brilhante do que nunca, as ondas mais suaves, o vento apenas um sussurro. Mas detestei tudo aquilo com um ódio que me fazia mal!

Não lembro os detalhes do que fiz de manhã, exceto que arranquei das árvores várias orquídeas e as chutei na areia. Desamarrei a perna da galinha choca e a espantei. Minha destruição sistemática da minha cabana só foi interrompida pela chegada de Josefa, Maria, Elena, Roberto, o lenhador Antônio e José. Josefa me trouxe um chá de ervas qualquer para beber. Em seus olhos havia apenas piedade. Tomei o chá para agradá-la e, então, deitei na minha cama de galhos e virei meu rosto para a parede, envergonhada pela minha falta de controle. Não tinha febre para justificar meu delírio.

Os homens apanharam as orquídeas machucadas e as prenderam novamente em estacas na sombra. As mulheres atiçaram uma fogueira e colocaram comida para cozinhar. Mantive meu rosto virado para a parede até a partida dos meus amigos. Todos se foram, exceto Josefa. Ela explicou gentilmente que eu havia trocado as palavras em português, o que causou a debandada das minhas convidadas — pedi desculpas.

"Ele não vai voltar, Josefa", contei. "Você tinha razão. Para prender um homem, a mulher tem que ser necessária."

"A senhora é necessária a nós, dona Joana. Os pobres e doentes precisam de você."

"Mas não tenho meios para comprar remédios. Era meu capitão quem os trazia a cada dois meses. Vou embora e você pode ficar com tudo o que tenho aqui."

"Eles estão aqui, os doentes, à sua espera. Estão aqui desde cedo, mas não queriam te incomodar", disse Josefa. Eu me recompus e fui para minha enfermaria resolvida a tratar daqueles pobres pacientes pelo menos enquanto os medicamentos durassem.

★

Quatro dias mais tarde o trem das bananas trouxe uma carta do capitão Bowen:

> Não podem fazer isso conosco. Mandaram-me para terra como Capitão do Porto para me impedir de vê-la no Brasil, suponho que com a intenção de provocar nossa separação. Disseram algo sobre "salvar minha carreira". Junto está sua passagem no próximo navio. Venha ao meu encontro e nos casaremos. Navegaremos juntos para encontrar um novo rincão, uma terra livre para nos assentarmos. Siga firme, minha companheira desbravadora...

CAPÍTULO

76

"ESPERE UM POUCO, SENHORA. POR QUEM ESTÁ PROCURANDO?", FORAM AS PALAVRAS ENCOLERIZADAS DE UM VIGIA NOTURNO DO NAVIO SOUTHERN CROSS em um cais de Nova York enquanto impedia a minha passagem. Eu estava com cinco grandes cães de caça e eles me puxavam e latiam.

"Vamos embarcar agora — somos passageiros e queremos levar nossos animais com antecedência, antes que os demais viajantes embarquem pela manhã."

"Deixe-me ver a sua passagem e a licença para embarcar antes da hora."

"Meu marido as tem," respondi, esforçando-me para manter os cães sob controle.

"Ah é? E quem é seu marido e onde ele está?", perguntou o vigia.

"É o capitão Bowen, e está pagando o táxi e vai trazer os caixotes com os perus e os patos de Pequim."

"Ah, sim, e seu nome é Eleanor, e suponho que esses cães se chamem 'Fala'![4] Escute, senhora, este é o cais do rio Hudson, não Bellevue. Capitão Bowen uma ova! Ele é o capitão do nosso porto. Agora vá embora e vá rápido", e gesticulou para que eu me afastasse.

"Misericórdia!", murmurou profundamente, empertigando-se. Meu marido se aproximava da passarela de bordo carregando um grande caixote de perus num dos ombros e, no outro, um caixote menor com os patos. O líquido no fundo dos caixotes lhe escorria pelo paletó.

"Boa noite, capitão. Deixe-me ajudá-lo", disse o vigia ao apanhar os caixotes. "Eu não sabia que a dona aqui era a sua esposa, senhor."

"Isso foi uma ótima ideia, simplesmente ótima essa de levar os animais", disse o capitão enquanto se esforçava para limpar os excrementos de pato da roupa.

---

[4] Referência a Eleanor Roosevelt (1884-1962), mulher de Franklin Roosevelt (1882-1945), presidente dos Estados Unidos de 1933 a 1945 e dono do cãozinho Fala, um Scottish Terrier que se tornou um dos mais famosos mascotes presidenciais. (N.E.)

"Meu bem, não pragueje contra mim, por favor", eu disse.

"Não o fiz."

"Bom, parecia estar com vontade", repliquei, deixando que os cães me puxassem passarela acima.

"De todas as ideias absurdas..."

"Companheiro, não fique zangado comigo. Espere e verá. Vamos ganhar muito dinheiro com esses cães. Podemos caçar com eles e vender as crias e ter também uma criação de perus e patos. No Brasil, os caçadores gostam mais de cães americanos, pois têm faro melhor."

Tínhamos levado os cachorros, patos e perus para a popa do navio, onde passariam a viagem até o Brasil bem longe dos passageiros e da tripulação.

"E talvez possamos trocar os filhotes por pepitas de ouro ou qualquer outra coisa quando chegarmos", insisti animada.

"Joan, eu te amo com todo o coração e a admiro muito, mas, por favor, gostaria que você não falasse tanto às quatro horas da manhã. Vamos nos lavar e ir para a cama."

"Você está me mandando calar a boca menos de doze horas depois do nosso casamento?", perguntei. A resposta do meu marido a tal frase eu não vou registrar, por considerar que foram exclamações feitas sob muito estresse.

★

Durante os quinze dias da viagem, concentramos nossa atenção na avaliação do nosso patrimônio, na tentativa de elaborar um plano para encontrar um rincão. Na coluna do crédito, tínhamos dois mil e quinhentos dólares em dinheiro e os animais. Possuíamos uma cabana na praia, espingardas, balas e equipamento de pesca. Nosso grande desejo, que chamávamos de sonho, era encontrar terras desabitadas para podermos estabelecer morada. Ficar na costa seria inviável. Bananas são a única coisa que se consegue plantar sem envolver um grande investimento de capital. Os dois mil e quinhentos dólares eram tudo o que tínhamos e nenhum de nós dispunha de outra fonte de renda. Meu parco conhecimento de português era uma vantagem, assim como meu amor pelos brasileiros.

A vida de meu marido como capitão de navio exigia que ele tomasse decisões calmas em momentos de crise, estando, portanto, preparado para assumir a responsabilidade por vidas e cargas. Mas, por outro lado, ele também estava acostumado a tocar sinos e a ter comissários de bordo prontos para satisfazer a todos os seus caprichos. Para onde quer que estivéssemos indo, não haveria sinos para tocar nem camareiros para lhe atender. Passaram-se treze anos desde que embarcamos para o Brasil e, nesse meio tempo, muitas vezes fomos questionados sobre como conseguimos suportar o inferno do desconforto físico antes de alcançarmos a nossa propriedade. A questão é que não havia o que suportar — nunca nos ocorreu desistir! Havia um amor profundo e cortês entre nós que tornou tudo possível. Fiz-me necessária para ele e ele passou a viver por mim.

Não há cenas de amor neste livro, que é sobretudo uma história de amor, pois meu marido é descendente de gente da Inglaterra e do País de Gales e sua família é conhecida por seus eufemismos enigmáticos. Quando cito aqui suas falas nas quais ele me trata por "cabeçuda", "tonta" ou "tolinha", estou apenas repetindo palavras que são como carinhos. Compreendo-as perfeitamente. Um de seus tios, de oitenta anos, ao voltar do funeral da esposa, disse ainda à porta do cemitério: "Pois bem, amei Sally durante cinquenta anos e nunca deixei que ela soubesse".

★

Passado cerca de um mês, estávamos em nossa cabana na praia, e sem a menor ideia de aonde ir para encontrar um rincão, quando vimos um carro parar à nossa porta e dele desceram três homens. Vinham da cidade de São Paulo e disseram que tinham ouvido falar da nossa intenção de ir para o interior do país. O porta-voz do grupo nos disse que possuíam uma área de terra de aproximadamente 322 quilômetros quadrados no centro do estado de Goiás.

"Capitão Bowen, não conhecemos essa terra. Nós a adquirimos numa troca por um bangalô em São Paulo. Temos a escritura e pagamos os impostos todos os anos, mas, fora isso, não sabemos onde fica", disse. O homem nos mostrou um mapa muito velho do estado de Goiás e apontou para uma área marcada como "desconhecida".

"Temos uma proposta a fazer se estiverem interessados. Essa terra fértil não tem valor porque não há acesso a ela. Se o senhor estiver disposto a ir para Goiás e abrir uma estrada que leve a essa terra, estamos prontos a lhe dar cinquenta e dois mil hectares como pagamento!"

Em seguida, ele explicou detalhadamente como uma estrada para aquela terra que ficava no centro de um dos últimos territórios férteis a valorizaria tanto que eles poderiam se dar ao luxo de ser generosos. Planejavam subdividir a terra em pequenas fazendas e vendê-las.

"Contudo, capitão Bowen, se aceitar nossa oferta, será com a condição de sua mulher acompanhá-lo. Entenda, quando se souber que uma mulher da cidade pode viver em segurança lá no sertão, outras mulheres terão coragem de migrar com seus maridos", ele acrescentou.

Parecia bom demais para ser verdade, mas, quando nos apresentaram um contrato onde ficava estipulado que custeariam a estrada, o sonho se tornou realidade. Os pagamentos seriam enviados a nós a cada três meses. Teríamos um caminhão. Apesar de insistirmos no fato de jamais termos construído uma estrada e nada saber da construção de estradas, eles continuaram afirmando que éramos as pessoas ideais para o projeto.

"A estrada não exige conhecimentos de engenharia. Queremos uma trilha de penetração e, mais tarde, poderemos construir uma estrada adequada." Parecia que o homem não queria nos perder.

Assinamos o contrato, que era estruturado como uma carta, apertamos a mão de nossos benfeitores e prometemos partir para o interior na semana seguinte.

Depois que eles partiram, o capitão ficou muito silencioso observando o mapa de Goiás. Não parecia me ouvir quando lhe dirigia a palavra. Rugas de preocupação sulcavam sua testa. Meticulosamente, traçou a lápis uma linha da estrada de ferro de Anápolis, em Goiás, até o limite das terras cobertas pela mata. "Não sei, Joan — não sei se seremos capazes", disse ele.

"Por que não?"

"Eu diria que são aproximadamente cento e sessenta quilômetros a noroeste a partir da estação. Se os rios e as montanhas marcados neste mapa estiverem lá, será um terreno difícil de atravessar." Eu conhecia os sinais: a preocupação, a ponderação e a minuciosa análise, aquele olhar "siga firme" que ele sempre tinha quando enfrentava uma crise.

"Quer dizer que não vamos levar o projeto a cabo?" perguntei.

"Não disse isso. Vou primeiro lá para explorar e, quando voltar, saberei se somos capazes de enfrentá-lo ou não!"

"Companheiro, você não pode fazer isso. Não pode inventar obstáculos. Já lhe contei como Roberto, Maria, Josefa e todas essas pessoas aqui provaram que o único obstáculo que pode derrubá-lo é aquele que você não enxerga por estar cego. Como é que os pássaros que migram para o sul sabem da existência de um sul à sua espera se não fosse algo predeterminado? E por que Deus colocou a cepa de leite nos lugares onde não há água potável ou a arnica nas encostas rochosas onde os animais caem e se machucam? Por quê? Por quê? Por que três homens desconhecidos vieram até nós para rasgar uma estrada se não estivesse predestinado que podemos fazer isso?

"Por outro lado, por que eles nunca encontraram alguém antes para rasgar essa estrada se ela é tão sem obstáculos como diz você?"

"Bom, porque — simplesmente porque sim."

"Que belo motivo esse. Pois vou lá primeiro dar uma olhada no terreno e você fica aqui me esperando voltar." Sua expressão encerrou definitivamente o assunto.

"E aquela parte do contrato que inclui a minha ida para que outras mulheres também o façam?", atrevi-me.

"Não, querida. Espere aqui e, quando eu voltar, decidiremos sobre a questão."

Na semana seguinte, reunimos os equipamentos que ele precisaria levar em sua viagem de exploração. Empacotamos picaretas, panelas e frigideiras, comida, sacos de dormir, pés de cabra, correntes para arrastar madeira, espingardas, balas e um revólver. Para dirigir o caminhão, o capitão contratou um brasileiro.

"Escreverei a você sobre como é o terreno, querida. Devo estar de volta em alguns meses. Você não poderá me escrever porque não sei como ou em qual lugar a correspondência pode chegar", disse-me, ao se despedir com um beijo. Esperei até o caminhão desaparecer pela praia e, então, gritei por Josefa.

"Por que a senhora sorri se o seu homem acaba de te deixar?", ela perguntou.

"É segredo, Josefa; vou segui-lo."

"Ah, de jeito nenhum. Seu marido lhe disse que esperasse aqui. Ele quer te poupar de muito sofrimento."

"Mas, Josefa, talvez ele precise de mim, do meu incentivo. Se eu estiver ao seu lado e nunca me queixar, ele saberá que tenho coragem de enfrentar qualquer adversidade."

"Então vá. Sei que não há como impedi-la", disse Josefa em tom triste. De seu seio tirou duas notas de dinheiro. "Pegue-as de volta. Seu marido me pagou para tomar conta de você enquanto estivesse fora."

"Não seja boba, Josefa, guarde o dinheiro, você pode zelar pela nossa cabana e regar as plantas", eu disse.

"E cuidar dos cães, dos perus e..."

"Não, Josefa, vou levar comigo tudo o que temos. Vamos ficar em Goiás!"

Quatro dias depois, estávamos carregando um caminhão que Roberto alugou em Santos, a meu pedido. Empilhei tudo o que possuíamos nele. Os copos de geleia e os pratos foram colocados num caixotinho em cima. Calculei um prazo de quatro dias de vantagem para o capitão. Seria tempo suficiente para alcançá-lo em Goiás sem ultrapassá-lo na estrada, caso houvesse problemas com o caminhão no caminho. No último minuto, acomodei os cães Tambor, Rebelde, Chinkie,[5] Princesa e Rainha, amarrei cada um deles com uma corda e prendi as caixas de perus e patos.

Mais ou menos cinquenta de meus amigos e pacientes praianos vieram me dizer adeus. Eu estava empoleirada no topo da carga, onde pretendia ficar o tempo todo para garantir que os cães não tentassem pular para fora e acabassem enforcados nas cordas.

Quando disse ao motorista que desse a partida, ouvi as vozes suaves de meus amigos dizendo em uníssono: "Vá com Deus, senhora — que Deus a guie — nossa amiga".

Tinha cerca de mil e seiscentos quilômetros pela frente, mil e seiscentos quilômetros de caminho sinuoso, alguns deles por estrada, a maioria cheia de sulcos feitos por carroças. Mil e seiscentos quilômetros não querem dizer nada numa estrada de verdade, mas era uma experiência dura considerando onde estávamos. Às vezes, percorríamos cento e sessenta quilômetros em um dia, em outros apenas quarenta. A poeira vermelha levantada pelas rodas tinha se acumulado em meu rosto, cabelo e pulmões. O vento e o sol me rachavam a pele. Todas as noites, procurávamos abrigo

---

5   Chink, ou Chinky, é um insulto étnico dirigido a imigrantes asiáticos nos Estados Unidos, sobretudo chineses. (N.E.)

em alguma fazenda isolada, onde eu podia comprar arroz e feijão para os cães e milho para os perus e patos. O motorista insistia que eu viajasse com ele na frente para me poupar do tormento do sol, mas recusei com medo de que os cães, cada vez mais inquietos, fugissem. Ganiam de um jeito que dava pena e migrar para um rincão não parecia agradá-los. Os perus é que me preocupavam mais. Eles ficaram encolhidos no caixote e não comeram nos últimos dois dias da viagem.

No décimo dia, sugeri ao motorista que viajássemos de noite para evitar o sol escaldante e talvez diminuir a poeira, pois serenava muito.

Tambor, o chefe dos cães de caça, estava me dando trabalho. Ele era um individualista robusto e latia constantemente, tentando por diversas vezes saltar do caminhão. Durante a noite, cochilei.

Ao amanhecer, contei os cães. A corda e a coleira de Tambor estavam lá, mas nada de Tambor! Bati na cabine do caminhão para que o motorista parasse. Quando disse que teríamos de voltar e encontrar Tambor, ele se recusou terminantemente. Argumentou que eu havia contratado uma viagem em um só sentido, não em ziguezague. Disse que os prejuízos já causados ao caminhão pelas sacudidelas e valas era grande e que, Deus o livre, não iria voltar para procurar um cachorro fosse para quem fosse. Eu não poderia censurar Tambor por ter pulado do caminhão se ele sentia o mesmo que eu: dor em todos os músculos e ossos, mas precisava encontrá-lo. Depois de pechinchar, o motorista concordou em voltar por um dólar a milha. Já seria difícil o suficiente explicar minha presença para meu marido, imagine ter de confessar que eu havia perdido nosso melhor cão.

Estávamos numa grande planície, chata como um tampo de mesa, onde havia algumas árvores retorcidas. Subi no topo da cabine e gritei "Tambor!", mas não houve sequer um eco. "Tambor! Tambor! Tambor!" enquanto voltávamos milhas e milhas. Gritei até perder a voz; não tinha forças para dar mais um pio. A setenta quilômetros de distância, nós o encontramos com o nariz nos sulcos, seguindo as marcas de pneus. Ele sacudiu o rabo alegremente, como se estivesse aliviado por ter sido encontrado, mas nem um pouco intimidado por mim porque eu não conseguia nem murmurar para repreendê-lo. (Nos oito anos seguintes, as crias de Tambor nos renderam mais ou menos sete mil dólares.)

Dali a três dias, chegamos à pequena estação ferroviária de Anápolis, que fica exatamente no centro geográfico do Brasil, no vasto planalto da divisa leste-oeste do continente. Questionamos aonde o capitão tinha ido e nos disseram que, cinco dias antes, ele havia partido para o norte para um vilarejo chamado Jaraguá. Precisei deixar o motorista falar por mim, pois eu ainda estava completamente rouca.

Jaraguá era uma cidadezinha a noventa e seis quilômetros de Anápolis, uma antiga cidade aurífera quase abandonada, exceto por um punhado de antigos barões do ouro que se tornaram criadores de gado. Levamos quatro dias para subir as montanhas e transpor a vertente, chegando a Jaraguá. Velhas casas de adobe cobertas de telhas se agrupavam em duas ruas estreitas. Em algumas as janelas eram de mica em vez de vidro. Quando chegamos a um entreposto comercial, a aldeia inteira apareceu para nos observar. Nossa chegada foi um acontecimento no pequeno povoado empoeirado. Uma mulher americana usando calças — a primeira a ser vista assim — com o rosto coberto de pó segurando cinco ferozes cães de caça pela coleira justificava o espanto deles.

Sim, eles tinham visto o capitão americano. Sim, ele contratou um vaqueiro com uma mula de carga e partiu. Então, eu era a sua esposa? Será que eu queria ir aos alojamentos atrás do entreposto e tomar um banho ou comer alguma coisa? Queria? Se queria!

Depois de me ter livrado de algumas camadas de terra, de ter vestido outro par calças, de ter negociado com o dono do armazém para me emprestar seu quintal cercado para os cães, perus e patos e de ter comido, vi se aproximar um vaqueiro de roupas de couro, rosto bronzeado pelo sol e dois revólveres com cabo de madrepérola lhe saindo da cinta.

"Senhora, eu sou Filogônio. Vou atrás de seu capitão e o trarei de volta", ele ofereceu com o cavalheirismo de um Walter Raleigh do sertão.

"Oh, não, não deve trazê-lo de volta", protestei. Preferia encontrar meu marido sozinha, pois sabia que teria muito a lhe explicar. A longa viagem de caminhão me deu tempo para refletir e desapareceu grande parte do entusiasmo que inspirou minha fuga em seu encalço. Qualquer esposa com menos de dois meses de casamento tem que fazer adaptações, mas eu deliberadamente compliquei mais a minha situação e teria de resolver pessoalmente.

"Será que eu poderia alugar uma mula e ir até onde ele está, senhor Filogônio?", perguntei para contemporizar.

"Sim, é muito fácil. Meu sogro tem boas mulas para alugar. Ele pode vir conosco."

O proprietário do entreposto falou, então: "Qual é o propósito de sua visita, senhora? Seu marido fala muito pouco da nossa língua, mas nos mostrou um mapa com uma linha traçada até Lavrinhas".

"Ah, nós vamos abrir uma estrada até a grande floresta em Lavrinhas", expliquei, "e então muita gente virá para cá para construir fazendas."

Tenho quase certeza de que ouvi um dos curiosos que estavam por ali dizer: "Mais um".

"O que ele quer dizer com 'mais um'?", perguntei ao dono do entreposto.

"Ah, senhora, ele se refere aos que tentam chegar a essas florestas. Desde os tempos do nosso primeiro imperador muitos tentaram e fracassaram. Vimos ingleses, alemães, franceses, holandeses e brasileiros tentarem. Mas é muito duro. Todos eles desistiram e voltaram atrás."

"Por quê?"

"Se a senhora estivesse buscando ouro ou diamantes não seria tão difícil. Uma mula, uma bateia e alguns mantimentos... e a senhora encontraria um pouco de ouro ou alguns diamantes. Mas fazer uma estrada — desculpe-me, mas é muito difícil."

"Quais são as dificuldades?", insisti.

"Não há recursos depois que se sai daqui. Não há braços. Muita fome e muita febre."

"Não desistiremos. Vamos fazer a estrada. Percorremos dezesseis mil quilômetros para encontrar um rincão e, para obtê-lo, temos de construir uma estrada!" O que havia sido um sonho corajoso estava caindo por terra, mas eu não permitiria que ninguém percebesse isso.

"Que Deus a acompanhe, dona Joana, e a seu marido. Eu, Diony, estarei sempre pronto para ajudá-los."

Filogônio e seu sogro apareceram com três mulas e um cavalo.

"Se formos direto para o norte, podemos economizar muitas léguas e encontrar seu marido mais ou menos perto de Pouso Alegre", disse Filogônio, olhando para o sol para ver a hora. Era pouco depois do meio-dia. Pedi a Diony que cuidasse dos cães e guardasse minha bagagem. A mulher de Diony encheu uma pequena sacola de lona a tiracolo com comida: um queijo duro, um torrão de açúcar mascavo e um pedaço de carne seca.

A mula que me destinaram tinha cor de rato e má aparência. Nela colocaram a sela, jogando em cima um coxonilho. Depois apertaram a cilha, puseram o cabresto de couro para imobilização e atrás amarraram uma rede e um cobertor. Sem jeito, montei nela.

A mulher de Diony me olhou e disse: "A senhora se esqueceu do revólver. Precisa levar seu revólver".

"Em quem é que vou atirar?"

"Precisa levar o revólver", era só o que ela dizia. Apeei, vasculhei a bagagem e apanhei a minha arma Smith and Wesson 32 novinha e um cartucho. Vaqueiros, clientes e curiosos se aproximaram de mim, admirando com alegria o meu revólver. Filogônio tirou um dos seus e me mostrou que era de antecarga, apenas uma pistola de um tiro só, e ficou admirado por ver que o meu era de seis tiros. Como era esperado que eu fizesse algum comentário sobre a disparidade entre as armas, eu disse em tom seco:

"Você deve ser um atirador melhor do que eu. Conseguiria, com um tiro, o que eu não faria com seis." Isso provocou uma gargalhada geral. Ri também, embora sem entender a graça da situação. Eu nunca tinha segurado um revólver, muito menos disparado.

Por incrível que pareça, minha mula se chamava Meu Coração. Poucas horas depois, eu já estava pronta para rebatizá-la com vários outros nomes, conforme ela seguia atrás do cincerro da mula de Filogônio. Ela não andava: ela batia a pata no chão, e a cada pisada minha cabeça se sacudia. Íamos nos distanciando cada vez mais. De vez em quando, um bando de emas curiosas nos observava e depois partia. Uma miríade de periquitos gritava ao passar em revoada. Após mordiscar um pedaço de açúcar mascavo eu estava com sede. Quando perguntei aos meus guias a distância até a água, responderam que chegaríamos a um riacho ao anoitecer, onde acamparíamos. Eu tinha dois vergões doloridos nos joelhos de tanto tentar instigar Meu Coração.

Quando escureceu, tínhamos percorrido apenas vinte e cinco quilômetros, mas parecia que havíamos cruzado um continente. Acampamos perto de um riacho coberto de mata. Filogônio prendeu os animais e fez uma fogueira. Empilhou gravetos secos numa altura de um metro e meio, ateando-lhes fogo com uma espécie de isqueiro artesanal. Tinha um pedaço de aço de cerca de dois centímetros e meio, um pedregulho, a ponta de um chifre de vaca com um pouco de algodão chamuscado dentro. Tirou fagulhas da pedra no chifre e soprou no algodão queimado até que ele se acendeu. Pois bem, pelo menos ele nunca passaria aperto por não ter fluido para o isqueiro!

Depois que as chamas subiram, Filogônio cortou um galho afiado, enfiou nele um pedaço de carne seca e me instruiu a assá-la. Em outra vara, ele colocou um pedaço de queijo duro e pediu que eu o assasse também. Foi esse o jantar. E estava bom. Tinha uma panela de ferro com água fervendo. Gabriel, seu sogro, ergueu-se perto do fogo e começou a procurar um tipo de erva. Encontrou algumas raízes murchas, lavou-as e jogou-as na panela. Uma coisa que eu estava determinada a aprender era a colher ervas nativas para todas as ocasiões. É uma tarefa muito fácil para essas pessoas. Como é que eu iria distinguir qual erva apanhar para cada necessidade?

Filogônio estendeu as redes, que formaram um triângulo à volta do fogo. Eles empilharam algumas achas e as deixaram à mão para alimentar o fogo durante a noite. Subi na minha rede, exausta. Filogônio me trouxe uma caneca com um chá de ervas. Era uma infusão de gengibre do brejo. "Faz dormir, senhora." Como remédio para exaustão, nervos à flor da pele e corpo dolorido, recomendo-o vivamente.

Não sei quanto tempo dormi, mas acordei com um sobressalto. Ouvi latidos, mas não de cães.

"Filogônio, o que é isso?", sussurrei.

"Apenas lobos."

"Lobos?"

"Sim, lobos."

"Que tipo de lobos?"

"Os vermelhos, chamados guarás. Mais ou menos do tamanho de um novilho de um ano de idade."

"Vão nos atacar?"

"Oh, não, eles têm medo de homens."

"Tem *certeza*, Filogônio?"

"Esses lobos não fazem mal. Só servem por causa da pele que cura reumatismo."

"Ah!"

Cabelos não ficam em pé por conta de medo, mas eu pude sentir que os meus faziam força para isso. Não consegui dormir novamente. Filogônio se levantou e pôs uma acha grande no fogo. Então, começou a cantar baixinho; Gabriel acordou e se juntou a ele. Foi a primeira vez que ouvi a música sertaneja — uma melodia solta, triste e com versos improvisados. O que a tornava diferente das outras canções era a improvisação enquanto cantavam. Os versos narravam os acontecimentos do dia. Começava com a minha estranha aparência que espantou a cidade de Jaraguá, continuava contando que os lobos são criaturas gentis e inofensivas, boas para o reumatismo, e dizia que meu revólver podia disparar seis tiros e não era do tipo de carregar pelo cano. Fiquei tão fascinada que adormeci ao som do que poderia ser chamado de "canção de ninar dos vaqueiros".

Meu Coração e eu tivemos outra batalha de forças no dia seguinte. A mula venceu. Passei a apear de vez em quando e a caminhar um quilômetro e meio ou mais para aliviar o atrito. Cortando caminho pela Montanha do Boi, chegamos a Pouso Alegre de tardezinha. O capitão me viu chegar e eu tinha certeza de que podia ler seus lábios a cem metros de distância. Ele tinha deixado a barba crescer, mas mesmo assim eu conseguia ver o que dizia. Estava tão surrada que não me importava com o que ele dissesse desde que pudesse dar adeus definitivo a Meu Coração, que já havia sido rebatizada de Minha Bunda.

Ele me tirou da mula e me tomou em seus braços. "Joan, Joan, o que é isso? O que a trouxe aqui? Aconteceu alguma coisa?"

Não respondi. Estava balbuciante.

"Joan, tem algum problema?", ele perguntou ansioso.

"Não, a não ser que seja criado por você."

"O que quer dizer com isso?"

"Eu tinha de vir. Não podia deixá-lo começar a desbravar estando eu a mais de mil e quinhentos quilômetros de distância." E me preparei para ouvir uma bronca.

"Creio que eu estava esperando que você viesse, querida. Acredito que eu sabia que você viria, mas não podia pedir uma coisa dessas. É uma vida muito dura." E me abraçou com mais força.

Naquela noite, sentado em frente à fogueira, ele me contou que localizara a floresta.

"Amanhã atravessaremos a Montanha do Boi para ter uma ideia de onde começar a estrada. Acidino é um bom guia, mas preciso de você como intérprete."

Na madrugada do dia seguinte, partimos em direção ao maciço. Agora éramos seis: o capitão, Acidino, o peão Carlos, Gabriel, Filogônio e eu. A Montanha do Boi é árida, sem nenhuma vegetação. Na subida por um caminho sinuoso, passamos por veios minerais. Em alguns lugares vimos agulhas de cristal em forma de pirâmide... Folhas brilhantes de mica, uma argila azul-celeste que indicava níquel. Nódulos castanhos de minério de ferro, quartzo rosa e branco indicando ouro. Quando paramos para descansar os animais, Filogônio deu um pontapé no chão e me mostrou um aglomerado de quartzo de ametista. Tentei arrancar um pedaço. Era um lilás pálido. Cavouquei ao redor dele com os dedos e, à medida que raspava, o cacho aumentava de diâmetro. Os homens me observavam com ar divertido. Cavei mais e o diâmetro aumentou. Minhas unhas estavam gastas quase até o tutano. Tentei dar um pontapé em um pedaço.

"A senhora gasta força à toa", disse Filogônio. "As ametistas não têm valor." Diante de tal desaprovação, desisti, mas tomei nota mentalmente da localização da mina ou depósito e tinha intenção de voltar lá um dia e pegar ametistas.

Pela trilha vinha uma burricada. Cinquenta e quatro deles desciam a montanha. Perguntamos ao proprietário se poderia parar e conversar conosco. Cada burrinho estava carregando uma carga de peles pretas. Eram peles de javali.

"O que vai fazer com elas?", perguntou meu marido. "Há mercado para peles de javali?"

"Vamos levá-las para a ferrovia e enviá-las para São Paulo. De São Paulo são mandadas para um lugar chamado Alemanha."

"Para que os alemães as usam?"

"Não sei ao certo. Me disseram que na Alemanha eles fazem uma máscara contra o ar envenenado. A pele do javali é tão grossa que o ar venenoso não consegue atravessar."

"Quem é que compra em São Paulo para mandar para a Alemanha?"

Ele nos deu o nome de uma firma exportadora alemã que foi a primeira a ser incluída na lista negra dos Aliados. Estavam enviando peles de javali por avião para a Alemanha... ao ritmo de duas toneladas por semana. Naquele território pouco conhecido, os caçadores tinham enriquecido. Munidos apenas de espingardas de calibre 28, dizimavam as manadas de javalis. Até ser declarada a guerra, as peles continuaram a ser enviadas para a Alemanha. Desde então, têm sido exportadas para os Estados Unidos. Filogônio nos contou que alguns japoneses, na grande mina de níquel a leste de nós, estavam enviando "aquele negócio da madame Curie", o rádio, para o Japão em 1938. O "negócio" era a pechblenda, de onde o urânio é extraído!

Seguimos montanha acima e ao longo do espigão. A oeste, serpenteando em um esforço penoso para chegar ao Tocantins, um dos afluentes do Amazonas, estava o rio das Almas. Recebeu esse nome por causa das traiçoeiras correntezas que ceifaram centenas de escravos garimpeiros na época da extração do ouro. O rio das Almas percorria as florestas de Lavrinhas e São Patrício.

"Para abrir uma estrada desde Jaraguá, senhor capitão, é necessário atravessar esse rio", disse Filogônio.

A sudoeste da crista da montanha podíamos ver a nossa nova fronteira. Centenas de milhas de floresta de madeira de lei cobrindo uma rica terra vermelha se espalhavam por ali. Ficamos emocionados fitando-a e o embrião da estrada pulsava de vida. Eu sabia disso antes mesmo de meu marido dizer:

"Vamos abrir essa estrada. Sei que somos capazes."

Estávamos longe demais de Pouso Alegre para regressar naquela noite. Filogônio disse que havia um rancho alguns quilômetros à frente onde poderíamos pernoitar. Que um viajante se acautele quando um sertanejo falar em distância! Com o tempo, aprendi a entender o senso de distância deles. Falam em quilômetros e léguas em vez de milhas e classificam a distância assim: uma pequena distância é chamada de "ao alcance de um grito"; uma distância média é aquela em que se pode ouvir um tiro; uma pequena légua, cerca de seis quilômetros; uma légua regular, cerca de oito quilômetros ou a distância que um homem pode percorrer lentamente em uma hora; uma légua grande, mais ou menos treze quilômetros; e eis o desafio — um lábio inferior espicha para uma direção e diz "ali". "Ali" é tão longe que eles não conseguem estimar a distância.

O tal sertanejo morava a apenas uma pequena légua de distância no vale. Quando alcançamos seu rancho de sapé, Filogônio fez sua mula parar e disse para fazermos o mesmo. Em seguida, deu um tiro de revólver para o alto... e ficou à espera. Um tiro de resposta veio do rancho.

"Ele diz que podemos entrar", explicou Filogônio.

"Não o ouvi dizer nada. Nem vejo ninguém", eu disse.

"Dona Joana, é melhor aprender desde já que nunca se deve surpreender um homem no meio do mato. Dê um tiro para cima e, se o dono quiser que você entre, ele dará outro tiro, o que significa que você pode apear e ir para dentro."

"E se a pessoa não tiver uma arma para atirar?"

"Mas, senhora, todo mundo tem uma arma." Com isso tudo estava dito.

Nosso anfitrião era Dionésio, um gigante bronzeado. Enquanto nos ajudava a tirar as selas dos animais, notei que ele não tinha nariz. Um tiro o havia arrancado. Ele cumprimentou todos nós com um aperto de mão e disse que nada lhe daria mais alegria do que nos ter como hóspedes.

Dionésio era um perfeito anfitrião. Chamou sua mulher para esquentar água em uma urna de cerâmica para eu tomar um banho quente. Enquanto ela preparava o café, Dionésio alvejou um frango magro à porta do rancho para o nosso jantar. Ele tinha um 44. Colocou-o de volta no coldre. Filogônio, Gabriel, Acidino e Carlos tiraram suas armas e as depositaram no sapé, fora do alcance das mãos. Dionésio olhou para mim, olhou para o meu marido. Adiantou o coldre, como se quisesse sacar mais depressa.

"Acho que ele não está gostando da nossa cara", disse meu marido.

Filogônio veio em nosso socorro. "Capitão, o senhor e dona Joana deixem seus revólveres fora do alcance." Nós os tiramos e colocamos junto às demais armas. Dionésio sorriu, um sorriso tênue naquele rosto sem nariz. Depois apanhou seu revólver 44 e o guardou no teto.

"Agora vamos tomar um café." Dionésio foi um anfitrião encantador ao distribuir pequenas xícaras de café.

Filogônio nos disse que nunca devemos esquecer de pendurar nossas armas fora do alcance quando no sertão. Para mostrar boa-fé, o visitante tem que se desarmar primeiro e, depois, o anfitrião. Não tínhamos um livro de etiqueta da fronteira, mas nunca esquecerei essa.

Tomei um banho quente numa calha oca, tendo a mulher de Dionésio improvisado uma cortina com cobertores. Deu-me uma toalha alva e macia, cosida à mão. Os homens foram para o riacho no fundo do quintal para tomar banho.

O café que tomamos foi colhido na floresta de Lavrinhas, que era abundante em café selvagem. Frango, arroz e pedaços de torresmo compuseram nosso jantar.

Revigorados, nos sentamos em banquinhos que não passavam de toras de árvores à volta da fogueira. O único filho de Dionésio, de cinco anos de idade, estava doente, deitado numa rede de palha. Sua mãe disse que alguém havia lhe lançado um "mau-olhado". Examinamos o pequeno. Ele estava definhando de malária. Dei-lhe comprimidos de quinino e expliquei à mãe como tratá-lo.

Dionésio, sem nariz, apertou minha mão. Disse: "A senhora é minha amiga. Aquele que curar meu filho é meu amigo."

Mais tarde, descobri que seu voto de amizade era raro. Dionésio era um notório capanga, que é como se chama um assassino de aluguel.

Era costume no sertão que um fazendeiro contratasse um jovem e o treinasse para ser seu matador profissional. Em geral, pagava-se um preço fixo por um assassinato. Naquele tempo, o preço era de vinte e cinco dólares. O fazendeiro usava o assassino para afugentar invasores de terras ou para matar membros de uma família que não quisesse vender suas terras por uma ninharia.

A conversa ao redor da fogueira era sobre assassinato. Pareceu-nos mórbida e irreal a casualidade com que discutiam suas façanhas.

Quando estou nervosa, falo muito e aquela noite não foi exceção. "Matar é seu único meio de vida, senhor Dionésio?", perguntei.

"Oh, não, os negócios estão ruins. Tive que limpar um pedaço de mata e plantar milho e arroz. É verdade que seu marido veio cá para construir uma estrada?"

"Sim, é."

"Estrada não é boa coisa. A estrada vai trazer a lei. Eu, Dionésio, não quero saber de estrada."

"Mas uma estrada lhe trará ajuda. Pense que, quando você estiver doente, um médico poderá chegar até você de automóvel. Os caminhões levarão sua colheita para o mercado." Estava desesperadamente procurando convencê-lo de todos os benefícios do transporte.

"Não queremos uma estrada."

Sondei nossos outros amigos, Filogônio, Gabriel, Acidino e Carlos.

"Filogônio, você já matou alguém?", perguntei.

"Joan, cale-se, você quer nos meter em encrenca?", sussurrou o capitão.

"Sim, senhora, matei um homem que roubou uma de minhas vacas. Andei por muitos dias a cavalo, seguindo o rastro de seu burro. Encontrei o homem e o matei. Qualquer um aqui mata o ladrão que lhe rouba gado, cavalo ou cão."

Até então estávamos seguros. Não tínhamos intenção de roubar nada.

"Gabriel, aposto que você nunca matou alguém." Estava disposta a interrogar o grupo.

"Oh, sim, eu matei um homem. Ele fez amor com minha filha. Disse que queria se casar com ela. Não era verdade. Ele a abandonou." Havia orgulho em sua voz. Ele não deixou sua filha sem vingança.

Falei com meu marido em inglês. "Penso que eles estão inventando tudo isso só para nos divertir. São bons e gentis demais para serem assassinos."

"Penso que sim. Eles não têm divertimento e estão se divertindo com você."

Continuei a conversa. "Você, Acidino, não tem cara de quem já matou alguém!"

"Matei sim", disse ele mansamente.

"Quem?"

"Quer saber o último que eu matei?"

"Sim, o último."

"Foi um negócio ruim para mim, dona Joana. Uma grande perda."

"Hein?"

"Grande perda", falou desgostoso.

"Mas como?"

"Uma noite, em Jaraguá, meu amigo veio até mim e disse: 'Acidino, quero que você me ajude a matar o Pedro!'. Pedro era meu padrinho. Eu disse a meu amigo que gostava do padrinho, que éramos próximos. Meu amigo respondeu que me daria quinhentos mil réis (mais ou menos vinte dólares) e um revólver novo. Eu nunca tive dinheiro para comprar um revólver, senhora, e sempre quis ter um. Fomos para a casa do meu padrinho e o chamei. Ele estava dormindo. Eu disse a ele para se levantar e abrir a janela, pois precisava conversar. Quando ele abriu a janela, agarrei-o, segurando-o enquanto lhe cravava a faca. Foi uma grande perda."

"Ele perdeu a vida. O que você perdeu, Acidino?"

"Aquele amigo da onça nunca me deu um revólver. Ele pagou o dinheiro, mas eu nunca recebi o revólver!"

Estava determinada a continuar com o jogo. Carlos, o peão, era um sujeito baixinho. Estava vestido com uma calça e uma jaqueta de pele de veado. Nunca falava, a menos que lhe dirigissem a palavra, mas, daí, falava até perder o fôlego.

"Carlos, você não parece uma pessoa que já matou alguém."

"Já matei."

"Conte-nos."

"Estava guiando uma grande manada de gado do norte até a estrada de ferro. Fazia quatro meses que estávamos viajando. Muitos dos novilhos eram selvagens. Cobrimos seus olhos com pedaços de couro para que não pudessem atacar. Eles só conseguiam olhar para baixo. Meu parceiro e eu estávamos cansados. O gado estava magro. Os novilhos bravos e cegos acabaram se assustando e fugiram para a floresta. Já era noite e uma dúzia deles havia fugido. Meu parceiro disse que era minha vez de ir atrás deles. Poderiam ser mortos pelas onças se ficassem na floresta a noite toda. Respondi que não iria. Estava muito cansado. Ele me chamou de bastardo preguiçoso! Matei-o."

"Você não o matou apenas por tê-lo chamado disso, não é?", eu perguntei.

"Senhora, minha mãe era casada com meu pai!"

"Vamos parar por aqui, querida, e vamos dormir. Amanhã teremos um dia difícil", disse o capitão. Saímos da fogueira e nos deitamos em nossas redes. Dionésio apagou o pavio na cabaça de óleo de rícino que servia de lamparina. Fiquei deitada na rede sem conseguir dormir. Depois de mais ou menos uma hora, tivemos companhia. Uma porca e seis filhotes vieram farejar o rancho. Na noite anterior, havia adormecido com uma canção de ninar sertaneja. Naquela noite, a sinfonia de grunhidos e roncos não foi tão eficaz. Na verdade, ninguém estava dormindo. Toda vez que um de nós se mexia na rede, os outros faziam o mesmo.

"Querida, por favor, pare de se contorcer e vá dormir", disse meu marido.

"Não consigo, querido. Eu me pergunto se eles estavam realmente brincando, com toda essa conversa sobre matar pessoas."

"Bem, você pergunta tantas coisas que eles tiveram que contar algo para diverti-la. Boa noite, bobinha!"

Permaneci em silêncio por alguns minutos, mas não aguentei.

"Dionésio! Dionésio, está acordado?"

"Sim, senhora."

"Você não me enganou. Eu sei que você nunca matou ninguém. Nenhum de vocês matou", murmurei, deitada na rede. "Estavam apenas contando histórias para se divertirem."

"Eu mato, mas não minto, senhora." Percebi que ele não estava brincando, mas eu queria ter a última palavra.

"E você tem como provar?"

Ele pulou da rede, chutou a porca adormecida para fora do caminho, enfiou a mão no teto de sapé sobre o fogão e dali tirou um cordão com o que pareciam damascos secos pendurados. Sacudiu aquilo na minha frente.

"Que é isso?"

"Orelhas! Orelhas secas. Cada uma é a orelha de um homem que eu matei."

Eu ainda não estava convencida. "Ah, só o fato de possuir a orelha de um homem não prova que você o matou."

A paciência de Dionésio já estava se esgotando. "A senhora deixaria alguém cortar sua orelha e secá-la se não estivesse morta?"

Ele venceu. Meu marido não precisou repetir que eu devia me calar. Eu estava tão assustada que nem conseguiria choramingar.

Uma melhoria em relação aos riscos feitos no revólver.

★

Na manhã seguinte, a criança estava menos febril. A esposa de Dionésio preparou bolos de arroz e bananas assadas. Estávamos nos preparando para voltar a Jaraguá. Dionésio me dava uma atenção especial. Quando nos despedimos, ele apertou minha mão.

"A senhora fez meu filho melhorar. Sou seu amigo. Se quiser que alguém morra, eu mato sem cobrar nada!"

Houve ocasiões nos anos seguintes em que desejei seus serviços profissionais.

Mal tínhamos dobrado a crista da montanha quando Dionésio veio galopando até nós.

"Senhor capitão, precisará de homens fortes para construir sua estrada."

"Quer dizer que hoje não acha que uma estrada seja algo ruim?", perguntei.

"Não, senhora; a estrada é algo ruim para nós. A lei virá. Mas vocês são bons amigos e eu, Dionésio, vou ajudá-los a construí-la."

★

Dionésio trabalhou conosco até a última milha da estrada. Não recebeu o pagamento dos últimos dois meses. Estávamos sem dinheiro, mas ele não nos abandonou. O primeiro prisioneiro que as autoridades policiais levaram pela nossa estrada foi Dionésio.

CAPÍTULO IV

102

"EIA, VAMOS LÁ!" CATORZE BOIS DE CARGA ATENDERAM DESANIMADOS AO GRITO DO CARREIRO. AS RODAS DE MADEIRA MACIÇA DO NOSSO CARRO DE BOI, com um diâmetro de um metro e meio e cravejadas de dentes de aço, giravam lentamente. Um som lamentoso, como um canto fúnebre, começou à medida que os eixos de madeira giravam. Os dois bois dianteiros, conhecidos como guia, esforçavam-se sob o pesado jugo de madeira dura. Os outros doze, com suas gibas, iam acompanhando. A canção das rodas ficava mais alta. O carreiro gritava repetidamente: "Vamos, Piano! Vamos, Mimosa!".

Estávamos a caminho de iniciar a estrada. Em Jaraguá, compramos os bois e o carro. Ao comprar um carro de boi, o som das rodas é importante e determina o preço. Quanto mais alto o som das rodas, mais caro é o carro, pois o ruído estimula os bois, fazendo com que eles se concentrem no som e puxem em uníssono. O ruído em um automóvel diminui seu valor, mas valoriza o carro de boi.

Tínhamos comprado quase o armazém inteiro em Jaraguá: cinco dúzias de picaretas, quarenta pás, a mesma quantidade de enxadas, duas chapas de zinco galvanizado, sacos de feijão, arroz, toucinho e pedaços de carne seca. Colocamos toda a nossa carga e nossas compras no carro de boi. Filogônio contratou o carreiro e seu filho de doze anos, Zico.

Meu marido e eu, junto com trinta e dois homens, seguimos a pé. Filogônio e Acidino tinham contratado um grupo heterogêneo: mineiros, caçadores e outros avulsos sobre os quais não fizemos perguntas. Faltavam braços. Sendo auxílio uma coisa preciosa, meu marido me implorou para não questionar antecedentes, profissão ou caráter de nenhum deles.

É assim que você migra. Você caminha atrás do carro de boi, não dentro dele. Os cães estavam amarrados atrás do carro e se divertiam farejando a trilha. Trinta e nove quilômetros adiante estava o local que o capitão escolheu como o primeiro acampamento. Percorremos dezenove quilômetros no primeiro dia, o limite da capacidade dos bois para puxar a carga pesada sobre o terreno ainda intacto.

De mãos dadas, meu marido e eu caminhávamos atrás do carro, sentindo uma alegria que palavras não conseguiriam expressar. Íamos para o oeste, e a estrada lutaria pelo seu primeiro sopro de vida em poucos dias.

Não sei quando meus pés começaram a doer ou quando comecei a andar mais devagar nessa marcha em sintonia com as rodas. Nós dois dormimos profundamente no acampamento naquela noite. Até mesmo a terra onde nos deitamos era quente, cheia de vida e fortalecedora.

Meu marido estendeu a mão e colocou mais uma manta sobre mim.

"Boa noite, minha exausta aventureira."

"Boa noite, meu pioneiro."

★

Dois dias depois, nossa turma estava limpando o terreno para o acampamento. O local não merece ser descrito — apenas uma rampa coberta de vegetação perto de um riacho. Um lugar sem nome, trinta e nove quilômetros ao noroeste de Jaraguá. Habituamo-nos a dar nomes aos diversos acampamentos com base em incidentes, como "o acampamento onde o rio nos alagou", "o acampamento onde Tambor matou um tamanduá" e "o acampamento onde fomos acusados de assassinato".

A estrada também tinha nomes; embora oficialmente fosse "a Estrada", às vezes nos referíamos a ela utilizando outros termos. Quando era nova e desajeitada, a chamávamos de "a coisa". Quando deparávamos com uma rocha e as picaretas eram as únicas ferramentas que podíamos usar, ela passava a ser "a miserável". Tínhamos que fazer muitos aterros em grutas, terra movida pá a pá. Nessas ocasiões, a estrada se tornava um "maldito jeito de se ganhar a vida". Mas quando os primeiros caminhões passaram pela estrada trazendo gente, a estrada era uma "lindeza"!

No sertão, é cada homem e cada mulher por si. O sistema "sair e pegar" vigora para todos. Os fracos e os parasitas vão caindo à beira da estrada. Os experientes estão sempre dispostos a ensinar como fazer uma coisa, mas cada um que a execute por conta própria.

Meu marido e eu estávamos ocupados preparando nossa primeira residência. Os camaradas da estrada cuidavam de seus abrigos individuais. Alguns cortavam galhos e os encostavam nas árvores à guisa de telheiro, outros cortavam copas de bacuri e faziam ranchos. Nossa "casa" era composta por duas folhas de zinco apoiadas em quatro estacas. Debaixo dela balançavam as nossas redes. As redes serviam para dormir, para guardar as roupas, para nos sentarmos à hora de comer e para abrigar com segurança nossos suprimentos médicos. Uma das minhas posses mais preciosas eram sementes: tomate, repolho, alface e cenoura. Essas eu guardava embaixo do travesseiro.

Fizemos um grande barracão de sapé para servir de cozinha, refeitório e armazém de alimentos e ferramentas. O menino Zico foi escolhido como cozinheiro do acampamento. Fora contratado como líder da equipe de bois, mas não precisaríamos de um guia pelas próximas semanas. Zico foi eleito também porque não podíamos dispensar homens adultos para ficar diante de um caldeirão de feijão e arroz. Ele tinha a vantagem de ser pequeno demais para responder às críticas sobre a sopa insossa que nos servia.

O capitão dividiu nossa mão de obra em três grupos. Acidino, o gigante, era especialista em cortar madeira. Foi designado com mais oito homens para derrubar árvores e talhar vigas para os muitos pontilhões que teríamos de fazer. A Gabriel foi dada a tarefa de liderar dez homens com enxadas para remover a vegetação. Dionésio, o homem sem nariz, era feitor do grupo das picaretas, o trabalho mais árduo de todos. Estavam encarregados de destocar a estrada. Os demais eram "locadores". Trabalhamos com o capitão locando a estrada. Os únicos instrumentos, ou, antes, equipamentos que tínhamos eram estacas pintadas como pontos de referência, uma trena de aço e um facão para cortar paus e marcar a largura da estrada. Meu marido alinhava as estacas, dava-me a trena, e eu a desenrolava na sua extensão de quarenta e cinco metros, mantendo-a no lugar até que um dos homens conseguisse cravar uma estaca. Tínhamos esquecido de comprar uma bússola no litoral e agora dependíamos do sol para nos orientar.

A estrada tinha apenas seis metros de largura, com uma elevação no centro. Eu não era um "bicho-medidor" assim tão ruim. Estenda e segure! Meça e marque. Ser bicho-medidor, na minha opinião, era muito melhor do que ser relegada à cozinha do acampamento, e como eu era a única mulher, havia a grande possibilidade de ser mandada para lá.

Eu sentia uma alegre expectativa enquanto ajudava a locar a estrada. O tipo de alegria, creio eu, que deve sentir a futura mãe ao tricotar roupinhas: preparação para o grande acontecimento e, lá no fundo, uma espécie de pânico. Perguntei ao meu marido se ele não sentia o mesmo.

"Claro que não!", ele respondeu.

"Pois bem, o que você sente? Sei que está vibrando com a construção desta estrada", insisti.

"Está certo, sua boba, já que quer comparações, creio que é o mesmo que um casamento. Eu queria isso, meti-me nisso e espero que dure para sempre."

"O casamento?"

"A estrada!"

Nossos bois se afastaram procurando comida. Não tínhamos pasto cercado e não podíamos simplesmente amarrá-los. Isso significaria que alguém teria que cortar capim e alimentá-los. Ninguém podia ser dispensado. Se e quando precisássemos deles novamente, alguém teria que ir a pé buscar os bois.

Depois de alguns dias, os cães de caça se revoltaram contra a dieta de sobras de arroz e feijão. Distanciaram-se.

Ouvíamos o latido deles à distância, no rastro de algum animal, veado ou javali. Voltavam sempre liderados por Tambor, os focinhos pingando com sangue fresco. Eram ótimos cães de caça. Foram trazidos para caçar comida para nós, mas devem ter se esquecido. Caçavam diariamente, enchiam a barriga e voltavam.

Nossas provisões estavam acabando. Após três meses, tínhamos esgotado nossos mantimentos e só restavam toucinho salgado, açúcar mascavo e um pouco de carne seca.

Fui transferida de Bicho-Medidor a Moça da Água. Meu serviço era carregar uma lata de água de vinte litros do riacho até a turma que trabalhava um quilômetro e meio adiante. As locais conseguem carregar esses pesos equilibrados sobre a cabeça, mas até hoje não consegui dominar essa arte. Eu tinha que carregar a pesada vasilha no ombro. Milhares de mosquitos, nuvens deles, acumulavam-se no meu rosto, nos meus olhos e ouvidos. O sol era abrasador e a água, pesada. Nunca tive coragem de me queixar. O trabalho do meu marido era mais árduo e ele nunca reclamava. Quando algo se tornava demais para mim, eu arrumava outro trabalho como antídoto.

Comida era importante, então pedi ao meu marido que me ensinasse a manejar uma espingarda. Antes de ir para o Brasil, nunca tinha caçado. Para falar a verdade, eu detestava a ideia de matar pássaros ou animais. A necessidade estava gerando muitas primeiras experiências naquele novo rincão.

O capitão adicionou aos seus afazeres a tarefa de me ensinar a atirar. Ele é um exímio atirador e sua paciência com a minha burrice merece louvor. Talvez um estranho devesse ensinar uma esposa a atirar, assim como um estranho é um professor melhor para uma motorista do que o próprio marido.

"Mas não feche os olhos quando atirar!", recomendava o capitão. "Mantenha-os na mira e firme o cano no ombro."

Havia uma marca roxa no meu ombro direito onde a espingarda me dava um coice cada vez que eu atirava.

"Eu posso levar os cães e ir caçar um pouco de comida fresca para nós", disse, quando dominei a espingarda. "E agora, você está contente por termos nos dado o trabalho de trazê-los conosco?"

"Veremos."

"Além do mais, precisamos arranjar mais comida, senão os homens vão embora."

Em primeiro lugar, estávamos longe demais para retornar a Jaraguá. Em segundo lugar, nosso dinheiro acabou. Até que os proprietários das terras em São Paulo nos enviassem o pagamento prometido, não teríamos dinheiro. Precisávamos caçar e não faltava caça. Eu era quem menos faria falta na construção da estrada. Estávamos com fome.

Tínhamos emagrecido. O rosto do meu marido estava esquálido de fome e preocupação. Somado a tudo isso, nenhum dinheiro chegou. Tínhamos deixado um recado no entreposto para encaminhar por um mensageiro se houvesse correspondência para nós. Sei que não teria aguentado se meu marido não tivesse tido tanta fé e confiança em mim num momento de crise. Justo quando eu estava pronta para desistir, ele sorria e dizia algo para me fazer rir, e ainda assim, sob o sorriso, ele me fazia sentir que eu não era do tipo que desistia.

Dissemos a Zico para me substituir como carregador de água. Chamei os cães cedo e fui caçar.

"Adeus, Diana. Boa sorte", disse meu marido enquanto eu corria atrás dos cães.

Quase instantaneamente Tambor encontrou um rastro e a matilha partiu. Gritei para que esperassem. Eles continuaram correndo. Corri tropeçando e me enroscando na vegetação baixa. Logo eles estavam quase fora do alcance da audição e era impossível para mim segui-los. "Tambor! Rebelde! Chinkie!", eu gritava. Às vezes ouvia um eco de seus latidos. Tentei me lembrar do que tinha visto nos filmes sobre caçadas. "Avante" e "aí está" era tudo que eu conseguia lembrar.

Sentei-me no chão da floresta, envergonhada demais para voltar ao acampamento de mãos vazias. Eu conseguia ouvir o estalo de galhos conforme os animais se moviam ao meu redor, mas não conseguia vê-los. Também havia pássaros, jacus e mutuns. O mutum é uma ave de plumagem preta de peito cheio, tão delicioso quanto um peru. No momento que eu mirava, eles voavam. Sentei-me quieta à espera, na esperança de conseguir abater uma ave. Esperei o dia todo. Ao entardecer, ouvi o grito de um par de araras. Eram douradas e azul-pavão, medindo cerca de quarenta centímetros da cabeça à cauda. Eu podia ouvi-las brigando e então uma pousou num galho de árvore. Logo outra se juntou no poleiro. Eu esperei. Pensei que, se esperasse até que adormecessem, teria uma chance melhor de acertar.

Enquanto esperava, lembrei-me do lema do caçador: "não atire quando estiverem pousadas". Que se danem. Precisávamos de comida. As araras tinham suas cabeças enfiadas sob as asas. Cuidadosamente fiz pontaria. Disparei. Uma tombou com um grito agoniado. Corri para onde ela caiu e lhe dei com o cano da espingarda para acabar com seu sofrimento.

Apanhei a minha caça e voltei para o acampamento. Os cães ainda não tinham retornado.

"Conseguiu alguma coisa?", perguntou meu marido. "Ouvimos o tiro. Você estava perto."

"O bastante para a ceia."

"Vou com você para ajudar a trazê-la", ele disse todo sorridente.

"Aqui está", repliquei apresentando a arara murcha.

"Querida, é um raio de papagaio! Quem você acha que vai comer isso?"

"Pois bem, eu vou", retruquei não muito convicta. "Onde estão os cães?"

"Provavelmente na África a esta hora. Não esperaram por mim."

Uma hora mais tarde eu tinha a arara preparada. Não a depenei porque queria empalhar o animal. O odor muito desagradável da arara a cozinhar diminuiu minha fome, mas eu estava disposta a comê-la mesmo que me engasgasse. A primeira garfada tinha gosto da combinação de formigas com amônia. Meu marido comeu sua porção sem comentar a favor ou contra.

"O que você vai fazer com essa pele e essas penas, sobremesa para amanhã?" Ele tentou me fazer sorrir.

"Não. Vou empalhá-la. É tão linda. Depois poderei vendê-la."

"Quem vai comprar uma arara empalhada?"

"Eu não sei, mas pensei em tentar ganhar algum dinheiro. Precisamos de dinheiro."

"Deixe que eu me preocupo com isso, pequena. Vamos encontrar um jeito até o dinheiro chegar de São Paulo."

Antes de adormecer, arrisquei uma sugestão. "Por que não manda o Dionésio caçar? Ele nunca erra. Se ele caçasse animais em vez de gente, teríamos muitos veados e javali."

"Não podemos dispensá-lo das picaretas. Ele vale por três homens."

"Ele poderia caçar cedo de manhã, digamos, por uma hora ou algo assim, e nós lhe pagaríamos um pouco mais."

Foi uma virada na carreira de Dionésio. Ele nunca deixou de conseguir caça o suficiente para alimentar todos nós. Nossos cardápios eram veado ou javali ensopado sem sal. Não tínhamos mais sal. Naquele tempo, devido à falta de transporte, o sal valia mais que o ouro.

Voltei a ser a Moça da Água!

Certo dia, um homem de aparência estranha, parecido com um gnomo, chegou montado num burrico. Tinha belos dentes, retos e brancos, e papada. Dois pesados sacos de lona trancados pendiam de cada lado do burro. Ele carregava uma espingarda e um revólver com cabo de madrepérola.

"Sou Andriano, o carteiro", apresentou-se.

"Correspondência!"

"Uma vez a cada seis semanas eu levo a correspondência ao norte. Ouvi falar dessa nova estrada que os senhores estão construindo, então, pensei em usá-la. Torna o caminho mais curto."

"Tem carta para nós?", perguntei esperançosa.

"Não, senhora. O correio é para o norte." Prosseguiu explicando que, como bico, fazia pequenas compras e as entregava a mineiros e caçadores distantes por um estipêndio razoável. Correio a burrico.

Nós o convidamos para passar a noite no acampamento e compartilhar de nossa carne cozida. Suas pernas eram permanentemente abauladas como uma fúrcula de frango.

"Senhor Andriano, há quanto tempo é carteiro?", perguntei.

"Vinte e seis anos."

"Onde mora?"

"Em parte alguma. Em toda parte. Quando escurece, prendo meu burro e durmo no coxim."

"Viaja há vinte e seis anos sem parar?"

"Sim, senhora."

Eu não pude evitar. Comecei a calcular a grossura dos calos no seu traseiro e, em inglês, disse isso ao capitão.

"Não ouse perguntar", exclamou o capitão.

"Aposto que deve ter pelo menos cinco centímetros de espessura. Puxa, vinte e seis anos montado num burrico! Quer apostar?" Ainda em inglês.

"Joan, por favor."

Suponho que vou morrer sem saber a espessura das calosidades dele. O bócio me horrorizava. Devo tê-lo fitado, porque Andriano falou.

"Tenho papeira porque nunca tivemos sal onde eu fui criado. Conhece algum remédio para isso?"

"Iodo deve ser bom", disse o capitão.

Remexi no fundo da minha rede e trouxe o estojo de remédios. Ainda tínhamos uma pequena garrafa de iodo.

"Pode levar, senhor Andriano."

Ele tirou a rolha e estava prestes a beber tudo de uma vez quando meu marido interferiu.

"Tome apenas três gotas por dia, não a garrafa toda", explicou.

Andriano sorriu e lhe agradeceu. Mal sabíamos que lhe dar iodo acarretaria uma tragédia em nossas vidas. Além de ser carteiro, ele era o arauto do sertão e espalhou a notícia de que tínhamos medicamentos. Embora não soubéssemos disso na época, o capitão se tornou o senhor Florence Nightingale. Isso foi em setembro. Na véspera de Natal, vimo-nos envolvidos em duas mortes trágicas não causadas por nossas intervenções e fomos acusados de homicídio!

Sem correspondência!

Era mais difícil conseguir dormir. As preocupações com dinheiro e a desnutrição pesavam sobre nossos ombros.

CAPÍTULO

114

NINGUÉM SE OFERECEU PARA COMPRAR MINHA ARARA EMPALHADA. TALVEZ TENHA SIDO MELHOR ASSIM, PORQUE EU PODERIA TER SEGUIDO CARREIRA VENDENDO AVES TROPICAIS empalhadas em vez de possuir uma fazenda de café. O mercado de café é maior do que a demanda por papagaios empalhados!

O capitão demarcou mais milhas de estrada. Os homens trabalhavam indiferentes, sem ânimo. Nós lhes devíamos salário e a comida era inadequada para o esforço que faziam com as picaretas. Não podíamos deixar a turma ir embora porque não podíamos pagá-los e não podíamos exigir um bom trabalho porque sabíamos que estavam mal alimentados. Parecia que estávamos em um filme em câmera lenta, passando pelos movimentos e não conquistando nada. Com as chuvas, os mosquitos aumentaram. Felizmente, não eram mosquitos da malária, apenas da variedade comum de pernilongos, mas a força deles estava na quantidade.

Eu tinha guardado algumas lascas de esterco de boi seco, que queimávamos como incenso contra o ataque dos insetos. A fumaça do esterco de boi é sufocante, mas era o menor dos males. Todas as noites tomávamos banho no riacho da mata. Eu ia rio acima para uma enseada isolada e os homens desciam o rio. Tinha aprendido a técnica de remover os carrapatos que tinham aferrado suas malditas cabeças sob minha pele durante o dia. Se alguém puxa um carrapato, a cabeça fica presa na carne e infecciona, então o sistema do sertão é segurar um cigarro aceso no carrapato até ele sair, e aí esmagá-lo entre o dedão e o indicador.

Em geral, eu levava cerca de meia hora na tarefa de me livrar dos carrapatos; depois, estava pronta para o banho. Os riachos na floresta são cristalinos e sem lama, mesmo nas chuvas torrenciais, porque a floresta é tão densa que o solo não desliza. No leito dos riachos, havia lascas de mica, pó de ouro e areia branca. Seixos de quartzo branco e rosa faziam o riacho parecer a caixa de joias da natureza. Sem carrapatos na pele, eu pegava um punhado de areia e me esfregava. Minúsculos flocos de mica grudavam na minha pele, mas a poeira de ouro ia embora. Já tínhamos ficado sem sabão há muito tempo, então um banho de areia, mica e poeira de ouro o substituía. Eu não tinha Josefa comigo para procurar as ervas mágicas que eram sabão líquido, nem aprendera ainda a fazer sabão. Havia uma abundância de palmeiras, todas com frutos que, na minha ignorância, eu comia e jogava fora as cascas. De lá para cá, aprendi a usar as cascas para fazer óleo e sabão para banho.

Depois do banho, me estendia ao sol para secar. Às vezes, achava divertido me esfregar com mica e poeira de ouro e não ter que lavar uma camada de sujeira dentro de uma banheira.

Uma vez por mês, era dia de cortar cabelo no acampamento. Tínhamos um par de tesouras velhas que serviam como equipamento. Meu marido se sentava em um toco e eu cortava seu cabelo, tosando e penteando, penteando e tosando. Nunca fui cabeleireira profissional, e aos meus olhos de amadora achava que fazia um trabalho bastante bom. Meu marido também achava, até que um dia um vaqueiro lhe perguntou se os ratos estavam roendo seu cabelo. Isso causou uma pequena crise doméstica porque eu lhe disse para cuidar da própria vida. Depois disso, meu marido mudou de barbeiro. Dionésio, o sem nariz, foi meu substituto na função.

Certa manhã, fomos acordados pelo lamento de rodas de carro de boi ao longe. Logo o acampamento estava acordado. Alguém estava chegando. A cansada estrada estava finalmente servindo a alguém. Corri para ver quem era. A cerca de quinhentos metros de distância, vi a poeira de uma longa tropa de bois e cavaleiros na frente. Pode ser difícil para as pessoas na civilização entenderem a emoção que senti ao ver os colonos em marcha sobre a nossa estrada! Aquela estrada que era um pesadelo e um sonho ao mesmo tempo. Corri tão rápido que tropecei; tinha que ser a primeira a alcançá-los. O líder, que descobri ser o mais velho da caravana, tinha barba e estava empoeirado. Ele parecia ser só pele e osso, mas cavalgava com a dignidade de um califa. Seus olhos azuis estavam vermelhos de sangue. Sua pele era escura e rachada. Através do arreio de sua sela repousava uma espingarda de dois canos.

"Olá", cumprimentei-o.

"Um belo dia, senhora", respondeu. Ele me olhava dos pés à cintura. "Presumo que você seja uma senhora. De onde venho, não nos damos muito bem com mulheres que usam calças."

"De onde você vem?"

"Do sul do estado de Minas Gerais."

Ele não era muito loquaz, mas eu estava determinada a ser cordial.

"Bem-vindo à nossa estrada", disse.

"Obrigado."

"Meu marido e eu estamos construindo esta estrada."

"Eu sei."

As carroças de boi nos alcançaram. Havia trinta e duas pessoas no total na caravana. Mulheres, crianças, jovens casais. O líder idoso me apresentou ao grupo, dizendo que eu era a esposa de um capitão de navio americano que estava construindo a estrada.

A imagem do grupo lembrava uma litografia americana. As mulheres usavam saias longas sobre várias anáguas. Empilhados em cima de seus pertences domésticos nas carroças de boi estavam os teares e uma versão primitiva de um descaroçador de algodão feito de madeira. Duas das mulheres estavam grávidas; outras quatro carregavam bebês lactentes. Uma variedade heterogênea de cães de pedigree duvidoso ofegava na sombra das carroças. Uma vaca magra pendia a cabeça, seu bezerro jovem lhe chupava o úbere quase seco.

Crianças de cabelos claros e olhos azuis me olhavam com espanto.

Depois de trocarmos cumprimentos e apertos de mão, o líder perguntou qual era a distância até o nosso acampamento. Eu lhe disse que era apenas a distância de um grito — usando a expressão da fronteira. Um "grito" era um pouco mais longe do que um soluço.

Convidei os migrantes a virem para o nosso acampamento.

"Tínhamos essa intenção", disse o líder.

"Vamos!", gritou o pequeno menino líder à frente da equipe de bois. As rodas gemeram, as carroças rolaram.

Eu andava atrás com as mulheres. Perguntei a elas de onde vinham e para onde estavam indo. Durante a caminhada de volta ao acampamento, ouvi sua história, uma história que mais tarde se tornaria tão repetitiva que apenas os nomes das famílias difeririam à medida que as caravanas cresciam de dezenas para centenas e milhares.

Eles tinham vivido em regiões áridas de Minas Gerais. A maior parte do estado contém minérios, principalmente ouro, cristal e ferro. Como arrendatários em solo pobre, tornaram-se equivalentes aos nossos *okies* na época do Dust Bowl.[6] Eles "ouviram" dizer que lá no centro do Brasil um novo local estava sendo aberto por um casal americano e que as ricas terras adjacentes à estrada que estávamos construindo poderiam ser adquiridas ou ocupadas. Sem nenhuma garantia de encontrar o que, para eles, era o pote de ouro no final do arco-íris além de um rumor que tinham "ouvido", arrancaram estacas e migraram para o noroeste. Eles estavam na estrada há três meses, em uma jornada exaustiva de poeira, frio e chuvas torrenciais. Dois bebês nasceram no caminho. A caravana parou por vinte e quatro horas em cada nascimento por consideração à mãe. A vaca esquelética era conduzida junto com os bois para fornecer leite para os bebês. Como uma mãe me explicou, seus seios secaram alguns dias após o parto, pois ela estava fisicamente exausta de caminhar uma média diária de dezenove quilômetros. Notei que os pés das mulheres e das crianças

---

6   Fenômeno climático de tempestade de areia que ocorreu nos Estados Unidos na década de 1930. (N.E.)

estavam rachados e escamados onde a poeira havia se acumulado sobre cortes ensanguentados. Algumas das crianças menores carregavam pares de frangos amarrados pelos pés com cordão de palha de milho.

"Vocês não trouxeram um galo?", perguntei. Havia feito um cálculo mental do que tinha no acampamento que pudesse negociar por um galo e uma galinha para criar alguns pintinhos.

Uma jovem mãe respondeu-me: "Oh, não. Nós só trouxemos galinhas. Nós as trouxemos para comer durante o período pós-parto. Apenas a carne de fêmeas é comestível e saudável depois que a mulher dá à luz."

"Por quantos dias dura essa dieta?", perguntei.

"Quarenta dias após o parto."

"Você quer dizer que você ou qualquer outra mãe jovem só vai comer carne de aves e gado fêmeas por quarenta dias? Você não comeria um cozido de galo se pudesse?" Meu marido e eu estávamos com tanta fome que teríamos comido carne ou aves, fosse macho, fêmea ou coisa.

"Não, senhora. Nem comemos a gordura de porco macho por quarenta dias. Só cozinhamos com gordura de porca."

"O que aconteceria se, por acaso, vocês conseguissem alguma ave ou gado macho e comessem sem saber?"

"Isso nos deixaria muito doentes e nos faria perder a fertilidade", respondeu a mãe mais recente com tanta certeza que eu não quis mais insistir no assunto. Alguns meses antes, eu teria começado uma discussão com essas mulheres, dizendo que tudo aquilo era superstição. No entanto, estava aprendendo rapidamente a não perturbar com minhas ideias americanas as tradições e as crenças de um povo cuja filosofia lhes trazia paz de espírito, um sistema nervoso calmo e uma fé absoluta de que tudo está bem no mundo e Deus está sempre presente. Para mim, foi um processo doloroso de ter a casca e a camada de valores superficiais arrancadas com as serras verticais das verdades básicas. Se eu me defendia mentalmente com

"Bom, não é assim que pensamos nos Estados Unidos", eu nunca deixava o pensamento sair pela boca.

Como se lesse meus pensamentos, a mãe mais jovem prosseguiu: "Quantos filhinhos tem a senhora?".

"Ah, eu não tenho filhos", respondi.

"Mas por quê?"

"Bem, eu simplesmente não tenho."

Um olhar de piedade passou entre as mulheres. Não era crítica, mas um sentimento feminino caloroso e empático que elas transferiram para mim.

A mais velha, uma pessoa pequena, enrugada e de rosto doce, cujas profundas linhas de idade e experiência subiam em esperança, não em derrota, disse: "Então, seu marido é digno de pena".

As outras mulheres concordaram.

A mais velha continuou: "Quando uma vaca é estéril, não há nada a fazer a não ser abatê-la. Todo ser vivo deve ter sua serventia".

Essa era a tradição dos pastos de gado: uma vaca que não reproduzisse tinha que servir como alimento.

Chegamos ao acampamento. Os homens libertaram os cansados bois das cangalhas, amarraram os cavalos e se sentaram ou agacharam à sombra para descansar. As mulheres se ocuparam acendendo uma fogueira, trazendo água do riacho para encher as chaleiras de ferro que elas colocaram em uma trave de madeira sobre o fogo.

Logo o aroma suculento de feijão cozido, toucinho e galinha encheu o ar. Enquanto o jantar cozinhava, as mulheres e as crianças foram ao riacho e tomaram banho. Depois do banho, houve um burburinho de atividade e batidas nas pedras à beira da água. Estavam lavando todas as roupas sujas do dia. Sabão caseiro era usado para esfregar as crianças e os adultos, mas as roupas eram lavadas com pura força. Elas seguravam a peça de roupa por um ponto, batiam-na na pedra com um movimento de torção, mergulhavam-na na água, batiam e torciam, e torciam e batiam. Notei que, exceto pelas calças dos homens, suas roupas não tinham botões. Tiras de pano, como fitas, amarravam as roupas no corpo.

Meu marido tinha se juntado aos homens em volta do fogo da cozinha e estava tendo uma "conversa de homem", e eu entrei no círculo para participar. O que quero dizer com conversa de homem é que a conversa não era dirigida a mim e tratava de coisas vitais, como derrubar florestas de madeira dura para estabelecer terras. Algumas vezes intervim, mas as respostas eram dirigidas ao meu marido. Em vez de me sentir excluída, eu sentia uma profunda satisfação porque estava definitivamente classificada como uma mulher na opinião desses pioneiros robustos.

Olhando para o fogo e cheirando com inveja os deliciosos aromas do jantar deles, percebi o quanto a mulher "moderna" perdeu ao pensar que é igual ao homem. Ao sobrepor sua vida aos assuntos dos homens, a mulher moderna na chamada civilização está renunciando à herança gloriosa de ser uma verdadeira mulher; ela está caindo em uma categoria intermediária com seu status confuso e a neurose resultante.

"Se babar mais um pouco, vou ter que arranjar um babador para você", disse meu marido, cutucando minhas costelas.

"Eu não estou babando."

"Bem, querida, você parece que tem a boca cheia de água."

"Não, eu só estava apreciando esses cheiros bons que vêm das panelas."

Engoli a saliva que enchia a minha boca, levantei-me e fui para o nosso abrigo catar algumas sementes de vegetais.

Era nossa obrigação oferecer uma refeição e cama aos pioneiros, mas nossa comida estava no fim e não tínhamos nada tão bom quanto o caldo que estava sendo preparado para o jantar deles. Ofereci um pacote de sementes de tomate para a mulher mais velha como um gesto de hospitalidade.

"O que é isso?"

"Tomates."

"Eles só são bons para as galinhas. São venenosos para as pessoas."

Ofereci um pacote de sementes de repolho.

"Nunca ouvi falar de comer algo que se pareça com isso", disse ela, examinando a ilustração de uma cabeça de repolho-verde no pacote.

Uma após a outra, ofereci sementes de alface, beterraba e cenoura. O mesmo resultado. Ela nunca tinha ouvido falar de humanos comendo tais objetos peculiares. Concordou, no entanto, que talvez uma horta de alfaces pudesse servir de pastagem para uma vaca leiteira durante uma seca.

Queria oferecer as sementes como pão, mas foi como se tivesse oferecido uma pedra.

Feijão leva muito tempo para cozinhar até ficar macio, e aquelas mulheres com os pés doloridos e visivelmente cansadas da longa jornada do dia não estavam descansando enquanto esperavam. Elas haviam tirado suas rocas da carga das carroças de boi e estavam fiando.

As crianças, meninos e meninas, estavam ajudando a separar as sementes dos capulhos de algodão ou penteando o algodão nos cardadores para os dedos habilidosos das mulheres fiarem. Eu estava fascinada com a eficiência e a facilidade com que elas operavam.

Elas carregavam os capulhos de algodão em um saco caseiro e, a cada hora ou mais, estavam convertendo a matéria-prima no produto acabado.

"O que vocês vão fazer com todas essas meadas de algodão?", perguntei, imaginando se elas as enviavam de volta ao sul para alguma fábrica de algodão.

"Fazer calças e camisas para nossos homens", respondeu a mais velha.

Queria que ela não tivesse falado tão alto porque, acima da conversa animada dos homens, meu marido ouviu a resposta dela.

Ele sorriu para mim, mas, por sua expressão de provocação, poderia muito bem ter gritado: "Viu só?".

A mãe mais jovem me perguntou timidamente: "Você plantou alguma tintura ou ainda está usando as raízes das árvores de angico?".

"Tinturas para quê?"

"Para fiar."

"Ah, não", murmurei.

"Então, talvez você use a tintura marrom das cascas de feijão seco?"

"Não."

"Isso é fácil de entender. Como ainda não tem casa e quintal para plantar, você talvez procure e encontre a planta de anil selvagem e tinja tudo de azul-escuro." Ela cantarolou suavemente para seu bebê sugando seu peito. Claro que ela entendia. Provavelmente eu tinha que tingir tudo de azul-escuro até me estabelecer!

"Conte a ela sobre as suas habilidades como fiandeira, Joan", disse meu marido, sorrindo.

Não sei por que me senti tão culpada quando disse: "Eu não sei fiar. Nunca fiei nada na minha vida".

Um murmúrio percorreu o grupo de mulheres. Pareceu-me que seus pés pisavam mais rápido no pedal de suas rodas de fiar. Duas vezes em uma hora eu havia perdido pontos de prestígio aos olhos daquelas mulheres que eram desbravadoras de terras.

A mais velha e enrugada disse gentilmente: "Como pode manter seu homem se não lhe é útil?".

Na esperança de que meu marido falasse, permaneci em silêncio. Ele também ficou em silêncio e, exceto por um sorriso diante do meu desconforto, aparentemente não ia me defender.

"Quem faz as calças dele?", continuou a mais velha, não com malícia, mas com total surpresa ao encontrar uma mulher que aparentemente não tinha utilidade ou realizações. Sem filhos e incapaz de fazer as calças do meu marido. Decidi, naquele momento, que aprenderia a fiar e tecer e, sim, até plantar tinturas para que pudesse conquistar o respeito na comunidade como uma esposa valiosa.

"Ele tem muitas, ou melhor, algumas antigas que comprou", expliquei. "Meu marido precisa de mim para ajudá-lo com muitas coisas e nunca senti a necessidade de ter que fazer suas calças."

Os pés nos pedais desaceleraram. A conversa dos homens aumentou. Aquilo era uma novidade para aquelas mulheres robustas. Face a face com um produto da civilização, em vão buscaram descobrir algo compensatório em meus defeitos. Era bem claro que não havia nada crítico ou malicioso em suas reações. Confusão, incredulidade e curiosidade sobre o que o capitão poderia ver em mim as motivavam.

Claramente, para o bem do meu respeito próprio, eu teria que fazer uma lista de ativos a meu favor, então os enumerei da melhor forma possível.

"De onde eu venho, nos Estados Unidos da América, as mulheres aprendem a fazer coisas diferentes."

O interesse amável e a curiosidade cresceram. Elas ouviram atentamente.

"Que tipo de coisas?", perguntou a mais velha.

"Conte-lhes, companheira", instigou meu marido. Como aquele homem podia participar da conversa dos homens e, com seu ouvido atento, captar cada investida contra mim no círculo das mulheres, eu não sei.

"Bem, eu sei dirigir um automóvel." Nenhum sucesso.

"Eu sei ler e escrever e soletrar um pouco." Silêncio.

"Já fui artista de rádio." Os pedais da roda de fiar se moveram mais rápido. A mãe mais jovem segurou seu filho mais perto do peito. As crianças me olhavam com os olhos arregalados, lutando para serem educadas.

Ah, por que continuar, pensei. Não estava chegando a lugar nenhum.

"O que mais você aprendeu nesse país distante de onde veio?", disse a mais velha enquanto se levantava para mexer nos feijões e acrescentar mais água a eles.

"Eu sei fazer geleia."

"O que é geleia?"

"Um doce transparente feito de frutas."

Os suspiros de aprovação foram quase imperceptíveis, mas um sinal de melhora.

"O que mais eles te ensinam para segurar seu homem?"

"Cuidado com a pele, o cabelo e as mãos." Malditos suspiros. Houve uma avaliação dos ditos pele, cabelo e mãos. Meu cabelo estava queimado de sol em tantos tons quanto o manto de José. Minha pele se assemelhava a um couro mal tratado. Minhas mãos estavam ásperas, minhas unhas, quebradas e sujas.

Com base em evidências circunstanciais, meu caso se apresentava duvidoso.

"Passar um pouco de mel selvagem na pele à noite e lavar com um chá frio feito de folhas de hortelã é o melhor cuidado para a pele áspera", sugeriu a mais velha.

"Ah, sim, e pó de arroz espalhado sobre a pele antes de dormir deixa a pele macia como a pétala de uma flor de baunilha", ofereceu outra moça casada.

"Mas nunca enquanto o homem está acordado", acrescentou a mais velha. "Eles não aprovam tal desperdício de tempo."

"Onde conseguem seu pó de arroz?", perguntei, certa de que desta vez tinha algo contra elas. Onde havia uma farmácia em uma terra distante que atendesse a esse comércio?

"A senhora não faz o seu próprio pó de arroz?", perguntou uma garota mal chegada aos doze anos.

"Eu não sei fazer."

"Eu sei", disse um garotinho que estava separando sementes dos capulhos de algodão. "Você coloca arroz em um pilão e macera com um porrete até ficar uma farinha fina. Daí, você coloca em um pote de cerâmica com água por uma noite e deixa descansar até o dia seguinte. Então, você despeja a água e o que está no fundo do pote é pó que você espalha em folhas de banana para secar."

Ele estava sem fôlego com sua narrativa e eu congelei. Como um P.S., ele acrescentou: "Isso é fácil".

Nunca percebi como é difícil justificar as próprias existência e utilidade até tentar fazer isso naquela noite no meio de verdadeiras desbravadoras que, com tanta bondade, tentavam descobrir como meu marido podia me dar valor.

"Ei, companheiro", apelei para o capitão, "o que você vê em mim?"

"Você."

"Mas por quê?" (Isso em inglês.)

"Acho que porque você é meio bonita. O que foi, estão sendo duras com você?"

"Não, mas costumava pensar que estava mais ou menos na média e, droga, não consigo pensar em algo que me favoreça diante delas."

As mulheres obviamente esperavam que eu ampliasse minhas qualidades.

"Sempre ganhei meu próprio sustento. Ninguém nunca teve que me sustentar", disse às mulheres. Ali, finalmente, eu havia acertado na utilidade.

"Como?"

"De muitas maneiras. Sempre tive bons empregos e ganhei bastante dinheiro."

"Claro que você sempre se sustentou porque não tinha marido, é por isso?", insistiu a mais velha.

"Sim, onde fui criada, as mulheres se orgulham de ser independentes."

"Que triste!" A mais velha se levantou, veio até mim e me abraçou em um gesto de empatia.

O feijão, o toucinho e o frango estavam cozidos. A mais velha servia conchas cheias em pratos de lata para os homens, mas notei que ela não servia as mulheres. Elas continuaram a fiar e a amamentar os bebês com uma aparente indiferença ao saboroso ensopado sendo consumido pelos homens. Isso incluía a mim também. Não fui servida e esperei pacientemente com as mulheres até que os homens tivessem comido o suficiente. Quando chegou nossa vez de comer, as mulheres levaram os poucos pratos para o riacho, lavaram-nos com areia e água e voltaram para os caldeirões. Meu prato foi servido, mas as mulheres ainda não tinham se servido. Perguntei por que elas também não comiam e disseram que só depois que eu terminasse. A cortesia inata da mulher e da criança do sertão é algo que nunca, em todos os anos de convívio com elas desde então, vi falhar.

A escuridão nos envolveu nos reflexos das brasas do fogo. Preparações para a noite estavam sendo feitas. Os homens estenderam peles secas de vaca sob o carro de bois e se deitaram em conforto satisfeito. As mulheres arrancaram grama e a espalharam no chão, cobrindo-a com mantas caseiras. Antes de irem se deitar, levantaram suas mãos direitas para nós e pediram nossa bênção. As crianças, por sua vez, levantaram suas mãos para todos os adultos e disseram: "Me abençoe, por favor". Já estamos tão acostumados a abençoar e a pedir para sermos abençoados no fim do dia, seja em uma cabana no sertão ou em uma mansão na cidade, que o sono tranquilo não viria se as irritações insignificantes do dia e os ressentimentos potenciais não fossem apagados com esse simples gesto de consideração.

Eu não tinha percebido até a hora de dormir que uma das crianças, um menino de cerca de três anos, cuja mãe o mantinha em seus braços, estava paralisado. As perninhas enrugadas dele pareciam galhos de uma árvore morta. A mãe nos disse que a criança havia tido uma febre e depois ficou paralisada. Devia ter sido poliomielite, pelo que conseguimos entender dos sintomas vagos, mas a mãe insistia que era o mau-olhado de alguma mulher invejosa e sem filhos que havia atingido seu bebê, tornando-o imóvel.

Quando perguntei que tratamento ela dava ao bebê, olhou diretamente nos meus olhos e, com toda a seriedade, disse: "Pele de veado".

"Pele de veado?"

"Sim, pele de veado. Todas as noites eu o faço dormir em uma pele de veado, o animal mais veloz da floresta." Ela parecia pensar que essa era uma explicação suficiente para qualquer um compreender. No entanto, eu ainda estava perplexa e curiosa.

"Como a pele de veado devolverá vida às perninhas dele?"

"Ah, o bom Deus colocou velocidade no veado. Ao fazer meu bebê dormir em pele de veado, ele ganhará velocidade nos movimentos das pernas e um dia correrá e brincará como as outras crianças." Enquanto ela colocava seu bebê em uma pele de veado ao lado dela e o cobria gentilmente com uma manta, eu não tive coragem de discutir com ela sua fé ou ignorância. Vi exemplos demais da fé fazendo curas milagrosas para ousar dizer a ela que estava errada.

Durante a noite, um dos homens levantava e colocava mais lenha no fogo. Um lobo uivava, um rouxinol trinava, as folhas da vegetação rasteira sussurravam e protestavam enquanto pequenos animais se movia furtivamente em direção à sua fonte de água. Meu marido estava dormindo. Sacudi-o levemente.

"Ei, companheiro, quer saber de uma coisa?", sussurrei.

"Hum."

"Vou aprender a fiar e tecer se você fizer um tear para mim. Todos aqueles maridos lá fora fizeram um para suas esposas."

"E depois?"

"Depois eu posso tecer suas calças e camisas."

Nenhuma resposta.

"Você ouviu o que eu disse?"

"Uhum."

"O que você acha?"

Levou alguns minutos para a resposta dele vir. "Acho, sua pioneira engraçadinha, e que é uma sorte danada eu ainda ter algumas calças extras na mala."

CAPÍTULO VI

130

O TRABALHO NA ESTRADA SEMPRE COMEÇAVA AO ALVORECER PARA QUE OS HOMENS PUDESSEM REALIZAR AS TAREFAS MAIS ÁRDUAS ANTES DO SOL ESCALDANTE DO MEIO-DIA.

Nosso grupo de migrantes acordara cedo e estava preparando o almoço ao amanhecer. Os homens foram buscar suas mulas e bois. O homem mais velho do grupo, que era o seu líder, teve uma conferência com meu marido. Ele queria saber exatamente em que direção nossa estrada seguiria. Ele tinha ouvido dizer que para o oeste havia terras florestais baratas, ideais para estabelecer propriedades em solo rico de cor chocolate. Meu marido disse a ele que era para lá que estávamos indo — para o mesmo fabuloso oeste, mas que ele não seria capaz de levar bois e carroças por causa da floresta impenetrável.

Um acordo foi feito entre eles, pelo qual o capitão concordou em ir com o velho e seis de seus companheiros mais jovens e demarcar o caminho por onde a estrada passaria. Ele sugeriu que os migrantes permanecessem em nosso acampamento até que um caminho pudesse ser aberto com machado e foice, largo o suficiente para que as carroças de bois pudessem passar. Eu ouvia avidamente os planos e concordava plenamente. Significava que teríamos boa comida para comer enquanto eles acampavam conosco, e eu estava terrivelmente solitária, ansiando por conversar com mulheres mesmo que saísse perdendo.

Andriano, o homem das correspondências, logo estaria de volta do norte, e eu pretendia pedir a ele novamente que buscasse nosso correio em Jaraguá, correspondência que poderia trazer o dinheiro prometido de São Paulo.

Os bois foram libertados de novo, mas a vaca magra foi amarrada a uma árvore e ordenhada, resultando em um escasso litro de leite. O leite foi dado aos poucos para as crianças menores. Mal meu marido partiu com os desbravadores do caminho, tive a ideia de fazer um acordo com o jovem casado que era dono da vaca. Ele estava admirando nossos cães de caça, especialmente uma ninhada de filhotes que Chinkie tivera com Tambor. Ele me disse que era caçador e que tinha ouvido dizer que os cães de caça americanos eram os melhores para caçar javalis porque seu olfato forte na trilha, mesmo na época seca, permitia que eles rastreassem animais quando os cães de caça comuns desistiriam.

"Eu gostaria de ter um par desses filhotes. Se eu os tivesse, me tornaria o caçador mais rico destas partes", ele declarou.

"Quanto você pagará por eles?"

"Dona Joana, eu não tenho dinheiro, mas posso pagar em peles."

O que eu faria com peles? Eu não precisava de peles de veado para paralisia, e tínhamos uma boa quantidade de peles de javali secas em feixes e nenhum interessado. Meus próprios esforços nessa linha, uma arara esfolada, só tinham causado risos.

"Não, obrigada, não preciso de peles. O que mais você tem?", barganhei.

"Cinco quilos de linha fiada, cor natural, ainda não tingida", ele contra-argumentou.

"Eu não tenho um tear."

Por cima dos protestos de Chinkie, peguei dois dos filhotes de cão de caça de orelhas mais longas e os coloquei nos braços do caçador. "Eles não são fofos?", perguntei.

Ele acariciou as cabecinhas dos filhotes com vontade. Aquela era minha deixa.

"Que tal me dar a vaca em troca de um par?"

"Oh, não, isso não é possível."

"Aqui, devolva-os para mim", disse tirando os filhotes de seus braços.

"Espere um minuto. Talvez pudéssemos fazer uma troca do bezerro pelos filhotes."

"Não. O bezerro sem a vaca morreria. Ele ainda está mamando."

"E algumas galinhas?"

"Não. Galinhas sem um galo não servem para nada."

Levei os filhotes de volta para Chinkie, fingindo indiferença a qualquer negócio. O caçador recomeçou, ansioso.

"Eu trocarei a vaca com uma condição. Quando o bezerro desmamar, você me dá ele."

Selamos o acordo com um aperto de mãos, e nos tornamos os donos do que eu presumia que seria o núcleo de um rebanho de gado. Dois filhotes por uma vaca.

A fome falou mais alto novamente, o que provavelmente foi o motivo de eu me oferecer às mulheres para cozinhar. Dessa forma, naturalmente, eu tinha que provar a comida para ver se estava bem temperada.

A mulher mais velha e enrugada, cuja afeição por mim eu podia sentir apesar dos seus questionamentos incisivos, perguntou:

"Quando e onde você vai construir sua casa?" Assim, sem mais nem menos. *Quando* e *onde* eu iria construir nossa casa? Ela disse isso tão casualmente como se tivesse me perguntado quando eu ia trocar de vestido.

"Bem, o 'onde' poderia ser bem aqui ao lado deste riacho. O 'quando' eu acho que terá que esperar até conseguirmos algum dinheiro e transporte para materiais de construção de Anápolis."

Ela bufou espantada e olhou para as outras mulheres como se estivesse perguntando se tinha ouvido corretamente.

"Mas por quê?"

"Como vamos construir uma boa casa sem material?"

"Você não vê que o bom Deus colocou tudo aqui para a sua casa e a construção dela é fácil?"

Cheguei a imaginar algumas vezes uma cabana de troncos robusta e resistente contra o clima e o homem, mas abandonei a ideia quando descobri que o peso dos troncos de madeira de lei era grande demais para ser levantado apenas com músculos. Portanto, nossa casa do futuro teria que ter paredes de gesso fortes e ser feita de materiais comprados.

"O tipo de casa que queremos não vai ser uma cabana improvisada", expliquei. "Quando construirmos, queremos ter uma casa forte."

"Será forte construída bem aqui com os materiais que você tem bem debaixo do seu nariz." A mais velha parecia achar que isso encerrava o assunto. Ela pegou um facão, cortou algumas fatias de um pedaço de fumo de corda, pegou um pedaço de palha de milho no carro de bois, alisou a palha em uma pedra e depois colocou os grãos de fumo em um tronco ardente para torrar. Quem será que teve a ideia de fazer cigarros tostados primeiro? A marca Luckies ou aqueles pioneiros em um rincão distante onde até mesmo os mapas colocavam os rios nos lugares errados?

"Como você vai construir sua casa quando chegar à terra onde você vai se estabelecer?", perguntei.

"Isso é fácil. Faça o que o joão-de-barro faz. O que um pássaro pode fazer, nós podemos fazer, quer dizer, tudo exceto voar."

Nunca me informaram sobre os feitos em engenharia dos pássaros joão-de-barro, e evidentemente ter cabeça de passarinho na fronteira não era uma ofensa à inteligência.

"Não temos esse tipo de pássaro nos Estados Unidos. Pelo menos eu nunca ouvi falar. Talvez você possa me dizer o que um joão-de-barro faz?"

"Bem debaixo do seu nariz", ela disse rindo e apontou para uma árvore a cerca de quarenta e cinco metros de distância, onde havia uma vila inteira de ninhos, ou casas, de joão-de-barro.

Eram casas de formato arredondado com cerca de trinta centímetros de altura que se assemelhavam, àquela distância, a iglus de argila com uma porta e uma janela. A mais velha explicou que dentro das casinhas havia dois cômodos. A entrada estava voltada na direção oposta às tempestades predominantes. Sempre lembre, ela me aconselhou, ao escolher um local para morar, de fazer a fachada na mesma direção que o ninho do joão-de--barro. No segundo cômodo, a senhora joão-de-barro fazia seu ninho. Se, enquanto seu marido pássaro estava caçando alimentos, a senhora pássaro fosse descuidada ao ponto de sair do ninho ou se envolver em atividades ou mesmo demonstrar um interesse superficial em um macho passageiro de joão-de-barro, seu marido pássaro traria seu pilão ornitológico e a fecharia em sua câmara de maternidade para morrer.

Não apenas essas mulheres pioneiras aprenderam sobre construção de casas com os pássaros joão-de--barro, mas evidentemente também a lição moral do destino de uma esposa leviana, porque, enquanto me contava sobre o amargo fim que a senhora joão-de-barro poderia esperar se fosse infiel, ela o relacionou como a lei natural de causa e efeito.

"Por que esses iglus de barro não se dissolvem nas chuvas fortes?", eu perguntei.

"Essa argamassa não pode se dissolver. É feita de material que resiste até mesmo ao tiro de uma arma."

"Como assim?"

"Para fazer paredes de uma casa, um reboco que durará tanto quanto você e seus filhos e seus netos viverem, você pega uma parte de barro, aquele barro perto do riacho. Depois, adicione uma parte de formigueiro. Aqueles formigueiros na floresta, não os que estão na planície. Por fim, acrescente uma parte de esterco de vaca fresco. Use água suficiente para fazer uma mistura grossa. Misture bem com seus pés e aplique nas paredes de bambu entrelaçado. Deixe secar e depois pinte com tinta à base de água feita dos cupinzeiros da planície. Você pode pintar as paredes de azul, lilás, amarelo, terracota, creme ou vermelho." (Pessoas com escassez de materiais de construção, por favor, tomem nota.)

"Eu acho que não gostaria de paredes feitas com esterco fresco de vaca. Imagino que elas teriam um cheiro forte", pensei em voz alta.

"Não, não haverá cheiro uma vez que a argamassa esteja completamente seca."

Costumava me perguntar qual uso as formigas poderiam ter, mas se a substância grudenta dos formigueiros era um substituto prático para cimento, então era mais uma prova de que Deus sabia mais sobre o que estava fazendo do que o homem que tenta destruir.

Quando meu marido e seus companheiros voltaram da demarcação do caminho naquela noite, eu estava transbordando de entusiasmo. Do meu ponto de vista, eu tivera um dia muito bem-sucedido. Eu tinha adquirido uma vaca e a receita de uma casa. Evidentemente, eu o informei de tudo com tanta pressa por conta do meu entusiasmo que misturei os pássaros joão-de-barro com leite fresco e cupinzeiros com homicídio.

"Espere um minuto, espere um minuto, comece de novo", ele pediu.

"É assim, companheiro. Tudo é fácil. Eu só acho que não precisamos mais viver sob qualquer pedaço velho de zinco. Podemos ter nossa própria casa forte também, feita de argamassa."

"Você esteve novamente no sol sem cobrir a cabeça?"

"Não. É fácil, eu te digo. Qualquer pássaro pode fazer."

"Agora se acalme, pequena, e siga um curso de cada vez e me conte em etapas lentas."

"É assim. Você mistura esterco fresco de vaca e coisas de cupim e barro e água, e uma bala não vai atravessar isso."

"O que você faz com isso quando mistura?"

"Reboca as paredes de uma casa."

"Com esterco de vaca?"

"Sim."

"Não!"

"Claro, querido, a velha disse que é fácil e é assim que eles vão construir a casa deles."

"Não!"

"Por que não?"

"Eu me recuso a ter uma casa feita de esterco de vaca fedorento. Está decidido." Sua voz era a voz de comando de um navio, mas eu não percebi a tempo.

"Por quê?", eu insisti.

Ouvi dizer que certas pessoas foram baleadas por perguntarem "por quê" até deixar os homens loucos. Alguns anos depois, eu *fui* baleada no pescoço e nem tinha aberto a boca, então isso não prova nada.

"Você se importa se eu tentar construir uma casa e então, se não cheirar mal, podemos morar nela?"

"Companheira, eu não me importo com o que você faz, desde que não espere que eu aprove todas as ideias bobas e impraticáveis que você pega dos migrantes."

"Temos uma vaca. Então podemos ter café com creme", eu tentei apaziguá-lo.

"Onde você conseguiu uma vaca?"

"Troquei dois filhotes por uma."

"Onde você vai conseguir o café?"

"Eu não te contei? As crianças foram para a floresta hoje e encontraram café selvagem. Quando eles secarem e baterem nas cascas, vamos torrá-lo e ter café. Imagine encontrar café selvagem bem debaixo do nosso nariz. Vamos ter bolo de castanha-de-caju com café e creme também."

Eu estava conseguindo fazê-lo se esquecer um pouco do reboco de esterco.

"Por acaso uma carroça-padaria passou por este rincão hoje?", ele perguntou, provocando-me.

"Não, mas só para te provar como estou aprendendo rápido, ajudei as mulheres a assarem um bolo hoje."

"Mas, espere um minuto..."

"Quer dizer, eu as observei enquanto assavam um bolo... Por que você não contrata todos esses homens para trabalhar na estrada? Você poderia enviá-los na frente, tirando tocos, e nós podemos pagá-los quando o dinheiro chegar."

"Por que seu interesse repentino em aumentar nossos gastos?"

"Não será assim tão mais caro, e..."

"E quanto a esse bolo do qual você estava se gabando?"

"É isso que eu queria te contar. Acho que temos passado fome porque não sabemos fazer as coisas simples que qualquer velho desbravador deveria saber."

"Como o quê?"
"Fazer farinha, por exemplo."
"De quê?"
"Arroz!"
"Você tem uma receita para os ingredientes de uma casa e agora um bolo de castanha-de-caju?"
"Sim. E além disso, não é difícil. Primeiro, elas moeram o arroz em um tronco até virar pó fino e passaram em uma peneira de vime. Depois, rasparam açúcar em blocos, misturaram bem com óleo de palma, colocaram água, lascas de baunilha raspadas de uma fava e adicionaram isso à farinha de arroz. Castanhas-de-caju foram torradas em uma pedra e bem picadas e adicionadas à massa. Só isso. Elas assaram em uma panela de ferro com brasas quentes na tampa."
"Hum."
"E pense só, companheiro, como fomos burros. Você sabe onde conseguiram as castanhas-de-caju?"
"Trouxeram com eles de alguma cidade por onde passaram?"
"Não. Colheram. Você se lembra daquela fruta selvagem que comemos, aquela fruta em forma de pera vermelha e amarela com uma semente em forma de meia-lua saindo da ponta? Aquilo era o caju, e nós comemos e jogamos fora as sementes, que são as castanhas-de-caju. Há milhões e milhões de cajueiros selvagens nas planícies, e nós não sabíamos como eles eram valiosos."
"Por que você não empreende nisso?"
"Como você adivinhou? Pense em como as castanhas-de-caju são caras nos Estados Unidos. Nós poderíamos colher carroças e carroças delas e vendê-las."

Para reforçar minha argumentação sobre as possibilidades de eu me tornar um dia uma rainha do negócio de castanhas, peguei um pedaço do bolo e uma xícara de café selvagem e apresentei essas iguarias ao meu marido incrédulo. Ele deu uma mordida no bolo e um gole no café.

"O café está bom, mas essas mulheres não esqueceram algo no bolo?"

"Você quer dizer sal? Elas colocaram um pouco de uma coisa salgada, mas talvez não tenha sido o suficiente."

"Coisa salgada?"

"Eu ia te contar outra coisa que aprendi hoje também, quando você me desse uma chance. Sobre o sal. Aqui estamos nós preocupados porque o nosso sal acabou e não há possibilidades imediatas de conseguir mais, e é exatamente como a Josefa disse: 'O bom Deus colocou tudo de que precisamos bem debaixo do nosso nariz, se não formos tão cegos a ponto de não enxergar seu cuidado e sua provisão'."

"Não fique aí tentando me convencer de que Deus colocou sal sob nosso nariz e nós não reconhecemos."

"Por favor, não seja tão cético. Posso explicar."

"Vá em frente." Seu suspiro de paciência resignada ao que ele deve ter considerado minha mente confusa não me impediu de continuar.

"Há duas maneiras de se obter sal quando você não tem. O homem que trocou a vaca comigo sabe tudo sobre isso. Uma maneira é seguir as lambidas dos animais na floresta e extrair sal da argila. Isso leva mais tempo, e eles precisavam de sal para o bolo esta manhã. Ele disse que qualquer bobo poderia simplesmente observar onde veados, javalis e leopardos lambem a terra e extrair sal por lixiviação."

"Veja só, pequena extratora?"

"Por favor, é sério. A outra maneira de obter sal é mais rápida."

"Estou ouvindo."

"Ele pegou uma das éguas. Ele disse que uma égua é melhor para o propósito porque é mais fraca. Ele a amarrou em um poste, selou-a, colocou uma cesta carregada nela e a chicoteou até que ela corresse em círculos. Quando ela diminuía a velocidade, ele a chicoteava para galopar. Não demorou muito para sair dela um suor espumante... Ele a desencilhou, retirou a espuma de suas costas e disse à esposa: 'Aqui está o seu sal'."

Meu marido discretamente enfiou o pedaço restante de bolo que estava comendo no bolso e cuspiu.

"Um dia, você vai ficar feliz por eu estar aprendendo tanto com verdadeiros pioneiros. Qualquer um pode adicionar água a uma mistura pronta, e é isso que acho que está errado conosco. Dependemos demais de coisas prontas colocadas à nossa disposição para desenvolvermos qualquer recurso."

"Eu não acho que haja algo de errado com você, pequena. Consigo ver agora o seu grande negócio de colocar no mercado castanhas-da-caju salgadas — bom nome comercial, castanhas com sal de égua."

"Espere só!" Eu comecei a me afastar e me lembrei do pedaço de bolo que ele não comeu e guardou no bolso. "Me dê. Vou comer para não ser desperdiçado."

"Ficou brava?", disse ele.

"Não — mas vou voltar para conversar com as mulheres pioneiras. Pelo menos elas cooperam comigo."

Naquela noite, fomos novamente convidados dos migrantes, compartilhando da refeição deles. Ronronando contente com o estômago cheio, abordei mais uma vez meu marido sobre a oferta de trabalho para os homens da caravana.

Assim como Acidino, Filogônio, Gabriel e todos os nossos fiéis trabalhadores haviam concordado em permanecer conosco para construir a estrada até que o tão esperado dinheiro chegasse de São Paulo, também o grupo migrante concordou. Um aperto de mãos selou o pacto. Eles trabalhariam na estrada e receberiam pagamento em dinheiro quando e se ele chegasse; se não fosse em dinheiro, quando conseguíssemos *nossa* terra, pagaríamos em acres.

Mais uma vez o som dos machados em árvores de madeira de lei, o chiado dos cortadores de matagal, o golpear das enxadas nas raízes fizeram pulsar a vida na estrada. O entusiasmo dos migrantes contaminou nosso grupo de trabalho, e eles também redobraram seus esforços. Dionésio trazia carne fresca quase diariamente. Às vezes, os animais que ele matava eram apenas de pequenas espécies de roedores, mas a fome não deixava escolha a não ser comê-los. Eu me rebelei contra comer macaco cozido, apesar das garantias de que era uma carne limpa, saudável e saborosa.

Um dia, ouvi o som de carros de boi se aproximando do acampamento. Eram quatro carros de boi e o mesmo tipo variado de gente buscando um novo rincão, como o primeiro grupo. Eu os recebi em nosso acampamento e disse que havia emprego para os homens na construção da estrada. Isso sem consultar meu marido, que estava algumas milhas à frente supervisionando a construção. A caravana de buscadores de rincão ficou feliz em encontrar trabalho, e as mulheres, de ter um lugar para ficar enquanto colocavam em dia suas obrigações domésticas.

Quando estava quase anoitecendo e chegava a hora de o meu marido voltar para o acampamento, achei melhor encontrá-lo no caminho e explicar que havia contratado vinte ou mais homens e rapazes para a construção da estrada. Eu tinha sido um pouco precipitada e queria esclarecer as coisas antes de ele descobrir a despesa que adicionei a um cofre inexistente.

Para minha surpresa, ele não ficou chateado, apenas pensativo. "Talvez você esteja certa. Vamos ter muita terra, e eles vão pegar boa terra como pagamento. Vamos terminar essa estrada antes do fim de mais um ano, com sorte."

"Eu estava pensando na casa quando os contratei."

"Ah não, você não vai fazer isso. Vamos construir uma casa quando pudermos. Você contratou vinte ou mais homens para construir uma casa para nós?" As coisas estavam indo tão bem.

"Não. Quero dizer os bois. Tudo o que eles depositarem, eu vou recolher. A mulher me disse que só esterco fresco é bom para reboco. Esterco de anta, veado ou javali não serve. Tem que ter muito esterco fresco de gado!"

"É por isso que você me incentivou a contratar esses homens? Para que seus bois fiquem a uma distância do acampamento que dê para fornecer a matéria-prima do reboco? E a estrada? A estrada é o projeto mais importante, primeiro e sempre."

"Se eu for uma mulher feminina, tenho que cuidar do lado doméstico!"

Meu marido declara categoricamente que, nas semanas seguintes, passei a maior parte do meu tempo observando os traseiros dos bois e rapidamente recolhendo suas contribuições para a residência Bowen.

Pura calúnia. Foi só parte do tempo.

Tudo ia bem até que, um domingo de manhã, eu tinha vinte e cinco homens ajudando a alinhar a madeira e montar uma estrutura para nossa casa. Meu marido me puxou para um lado e me questionou.

"Você se importa de me dizer quantos acres de terra trocou pela construção desta casa?"

"Nem um acre. Estou trocando por algo que é meu."

"Como o quê?"

"Filhotes."

"Qual é a capacidade produtiva de duas cadelas?"

"Atualmente, oito ou dez filhotes cada uma, duas vezes por ano, mas vou aumentar a produção. Aprendi isso também. Não seja tão cético. Essas pessoas desbravadoras que não sabem ler nem escrever sabem mais sobre viver do que qualquer um já aprendeu nos livros."

"E como é alcançada essa super-reprodução?", ele perguntou rindo.

"Quando uma esposa é estéril e deseja ter um filho, seu marido busca na floresta pela árvore catuaba. Ele retira a casca da árvore de uma maneira muito especial: corta a casca no topo e depois a arranca de baixo para cima. Se ele a arrancasse de cima para baixo, não funcionaria. Dessa casca é feito um chá e a pessoa que o bebe durante várias noites fica muito fértil, e isso naturalmente resulta em gravidez. Eu vou dar chá de catuaba para as cadelas."

"Quando você tiver trocado tudo o que ainda não possuímos, nosso futuro será a falência."

Com o otimismo de sempre, respondi: "Tudo vai dar certo".

"E eu não vou morar em uma casa feita de esterco de vaca e não se fala mais nisso." Ele deu a última palavra.

CAPÍTULO VII

146

UMA SEMANA DEPOIS, ESTAVA PRONTO O TRECHO DE ESTRADA PARA O NORTE, PERMITINDO QUE OS MIGRANTES SEGUISSEM EM FRENTE. EU ESTAVA DESOLADA por perder meus amigos. Eles tinham pressa de chegar à terra que iriam abrir e, ao mover o acampamento para mais adiante, muito tempo poderia ser economizado.

A estrutura da casa estava erguida. As ripas estavam amarradas com cipós de lianas e os batentes das portas, unidos com estacas de madeira de lei. Agora cabia a mim terminar as paredes. O local onde construímos estava dentro dos limites dos duzentos mil hectares ou mais que o sindicato de São Paulo possuía, então, eu sentia que estávamos seguros ao demarcar nosso lote lá.

Era o momento certo para derrubar a floresta para plantar, mas não podíamos prescindir de nenhum homem na construção da estrada. Mais uma vez, nossa dieta consistia em pequenas porções de animais cozidos sem sal. Eu teria que desmamar os filhotes com um caldo feito de aves.

Meu marido montou um acampamento temporário vinte e quatro quilômetros à frente e ficaria lá durante a semana, só voltando aos sábados à noite. Eu tinha o local de nossa futura casa todo para mim, exceto por dois trabalhadores que ficaram para trás para finalizar o centro da estrada. Muitas pessoas já me perguntaram se eu tinha medo de ficar sozinha em nossa clareira, dormindo em uma casa sem paredes, e a selva próxima cheia de animais. Fui chamada de "a mais corajosa das mulheres", uma designação que não mereço, pois deve haver coragem diante do medo para merecer o nome de corajoso.

Nunca tive medo. Em primeiro lugar, eu tinha os cães, pelo menos teoricamente. Eles deveriam ficar no acampamento comigo, mas todos, exceto Chinkie, que estava amamentando seus filhotes, saíam todas as noites para caçar sua própria comida. Em segundo lugar, eu passava meu tempo misturando argila, cupinzeiro e esterco com os pés. Cavei um buraco e carregava água do riacho para umedecer os ingredientes. Parece mais fácil do que era, esse uso dos pés como "betoneira". Desnutrida como estava e desidratada pelo suor constante, mal conseguia carregar meia caixa de reboco até a casa. À noite, estava tão cansada que mal conseguia fazer qualquer coisa além de cair em um sono exausto; então, se apareceu algo a temer, eu devia estar roncando.

Eu tinha que trabalhar rapidamente para usar todo o esterco que os bois deixavam, porque não funcionaria depois de seco. Durante o tempo em que eu estava aplicando o reboco, alguns cavaleiros passaram por ali, pararam para beber água, desejaram-me boa sorte e seguiram em frente. Eu fiz o experimento de usar excrementos de cavalo no reboco, mas tive que arrancar a parte que rebocara com ele porque secou e rachou.

Uma parede que terminei endureceu e virou um estuque cinza liso, e, mesmo pressionando meu nariz contra a parede e cheirando, não havia absolutamente nenhum odor.

Acidino voltou um dia acompanhado de um homenzinho barbudo e um burro. O burro levava tanta carga que mancava. Depois de ser desarreado, vi feridas de sela sangrando por todo o seu dorso.

"Dona Joana, este é um garimpeiro", disse Acidino, apresentando o proprietário do burro, um homenzinho barbudo e de olhos azuis. Um garimpeiro é um mineiro, mas Acidino não se deu ao trabalho de especificar se de diamantes ou ouro.

"Se a senhora permitir, gostaria de descansar aqui alguns dias. Estou doente e com muita febre", implorou o mineiro.

Eu o examinei: com menos de um metro e meio de altura, os pés sangrando e rachados, os olhos atordoados e febris. Claro que eu o deixaria ficar conosco, e não sei se devo ser perdoada ou não por calcular que, talvez, quando ele estivesse descansado, pudesse me ajudar a rebocar.

Ele se banhou no riacho, soltou o burro para pastar e eu preparei um café forte para ele — amargo porque não tinha açúcar. Ele estava tão fraco que o coloquei em minha rede. Perguntei se ele não queria trocar de roupa para que eu pudesse lavar a camisa e a calça cobertas de poeira.

"Não tenho outras roupas. Perdi tudo nos oito meses em que estive minerando", disse ele roucamente.

Dois alforjes de couro de vaca que descarregou do burro estavam embaixo da rede, e de vez em quando ele os tocava carinhosamente.

Quando ele melhorou alguns dias depois, com um tratamento de chá de gengibre selvagem, café e uma infusão de casca de quinino, abordei o assunto do que havia naqueles alforjes. Eles deviam pesar vinte quilos cada um, e eu não conseguia imaginar o valor desse tanto em diamantes ou ouro.

O nome do minerador era "João Batista". Só isso e nada mais. Se ele tinha outro nome, o perdera por descuido ou conveniência.

Calos, dor nas costas e fome haviam tirado de mim qualquer sutileza para conversas. O ataque direto era tudo que eu parecia ser capaz de fazer.

"João Batista, você tem ouro nesses alforjes?"

"Não, minha senhora."

"Diamantes?"

"Não, minha senhora."

"Você é um mineiro?"

"Sim, minha senhora."

Ele certamente não era muito falante. Eu insisti. "Se você é um mineiro e não há ouro nem diamantes em sua carga, o que você extraiu?"

"Abra os alforjes, senhora, e se pudermos chegar a um acordo, porque a senhora foi gentil com um velho mineiro, tudo o tem dentro será seu por uma barganha. Meu burro não pode carregar carga novamente. Estou muito cansado para continuar procurando por um comprador", ele disse, suspirando.

Eu desamarrei ansiosamente as cordas que prendiam as tampas dos alforjes de couro cru. O que vi naqueles alforjes era incrível. No topo, havia grandes pedaços de quartzo ametista. Olhei para João Batista e ele me indicou para retirá-los. Assim o fiz, e fiquei chocada e emocionada pela beleza do quartzo ametista de cor violeta, cada pedaço pesando cerca de dois quilos e meio. Pus as mãos mais fundo com avidez e tirei pedaços de cristal transparente como gelo.

"Você os quer?", perguntou João Batista.

Teria sido insensatez negar um desejo ganancioso de possuir o que, para mim, parecia ser as joias de um rajá.

Mesmo sabendo que não tinha os meios para adquirir tanta beleza, tive o bom senso de reconhecer isso. "Obrigada, João Batista, mas não temos dinheiro."

Ele recuou na rede e fechou os olhos. Eu o tinha decepcionado.

"João, você nunca minerou ouro?", continuei, odiando ser afastada de seus pensamentos pelos olhos tristes e fechados.

"Só quando preciso", respondeu.

"Você não precisa de ouro agora?"

"O cristal vale mais. Vai haver uma guerra e, em seu país, eles vão comprar muito cristal."

Foi a primeira vez que ouvi falar de ameaças de guerra. Isolados como estávamos, cavando e abrindo uma estrada, não sabíamos nada do holocausto que pairava sobre o mundo civilizado.

Coloquei o cristal de volta nos alforjes e manuseei preguiçosamente o maior pedaço de cristal antes de colocá-lo de volta também. João Batista me observava através de fendas nos olhos e vi o início de um sorriso ao redor de seu nariz e onde sua barba se mexia.

"Você gosta da ametista?"

"Ah sim, eu acho linda", respondi ansiosamente.

"O que você me daria em troca?"

Não ousei oferecer mais filhotes não nascidos, e meu marido me proibiu de negociar mais acres de terra, então, fiquei sem resposta. Para ganhar tempo e ter uma ideia, perguntei: "O que eu tenho que você quer?".

"Sete quilos de café. Houve uma estação chuvosa e uma estação seca desde a última vez que tomei café antes de chegar aqui."

Rapidamente calculei quanto tempo levaria para reunir quinze libras de grãos de café na floresta. O café selvagem crescia alto, lutando para alcançar o sol, e embora os grãos de café fossem grandes, havia apenas alguns em cada árvore.

"Espere um minuto", eu disse, e corri para fora até onde Acidino estava cortando toras de madeira dura para uma ponte. Perguntei a ele se poderíamos ou não obter sete quilos de café, mais ou menos, no raio da floresta perto do acampamento.

"Só cortando as árvores de café para alcançar as bagas no topo", ele respondeu.

"Corte-as e seja rápido", ordenei a ele.

Mais tarde naquela noite, quando estávamos sentados mastigando nossa carne de javali assada e bebendo chá de gengibre, confessei ao velho mineiro que tinha mandado cortar as árvores de café e agora poderia trocar pelo pedaço de ametista. Ao contrário do que eu esperava, ele não parecia mais satisfeito. Achei que ele poderia estar pensando que não havia sete quilos de café.

"Só podemos especular sobre o peso porque não temos balanças." Tomei a ofensiva.

Ele limpou a barba na manga suja e fungou.

"Você não deveria ter feito isso", disse ele tristemente.

"Mas por quê?"

"Cortar seres vivos em troca de algo que não tem vida, sangue ou sentimentos."

"Você não vai prosseguir com a troca?", gaguejei.

"É que o seu *modo de pensar* está errado. Assim como quando você me perguntou por que eu não enchi um alforje se sabia onde estava o ouro. Eu só mino ouro quando preciso de algum dinheiro para comprar uma picareta ou pá, ou alguma munição. O ouro me serve, eu não sirvo a ele."

Chupei o nó do dedo e engoli um desejo de chorar.

"Essas árvores de café provavelmente estão lá há centenas de anos, e agora nunca mais vão dar frutos", ele disse suavemente. "E o que você está recebendo em troca delas — nada além de um pedaço de adorno pessoal."

"Não é assim. Eu venderia as ametistas e ajudaria meu marido a pagar pela estrada", retruquei.

"Você não quer mais o café?", continuei, na esperança de liberar a conversa restrita.

"Eu vou pegar o café, sim, e o pedaço de ametista é seu — mas e o cristal? Você não vai me dar nada em troca? Vale muito dinheiro, e eu não estaria oferecendo se meu burro não tivesse desistido e eu não pudesse viajar muito mais longe, sem contar que estou doente e com febre."

"Mas eu te disse que não temos dinheiro. Estamos esperando um cheque pelo correio de alguns homens em São Paulo que nos devem pela estrada", repeti.

"Você vai se arrepender, senhora, porque o preço que estou pedindo pelo cristal é uma pechincha", insistiu o mineiro. Ele me deu o preço por todo o lote dele — cerca de quarenta quilos de cristal perfeitamente facetado por cerca de vinte dólares.

Procurei desesperadamente em minha mente algo conversível em dinheiro que pudesse comprar a fortuna naqueles alforjes. João Batista se levantou, esticou seu corpo enrugado e mancou atrás de seu burro.

"Vou seguir viagem, senhora. Não posso ficar aqui criando raízes", disse ele enquanto selava o burro com dor nas costas e prendia os alforjes carregados de cristal.

Uma conferência rápida com Acidino revelou que o preço de vinte dólares pelo cristal era muito barato e que, no entreposto em Jaraguá, Diony nos daria a taxa de cinquenta dólares o quilo. Dois mil dólares! Poderíamos pagar a todos. A estrada poderia continuar. Poderíamos substituir as picaretas cegas por novas. Poderíamos comprar suprimentos. A estrada era algo que estávamos construindo porque não ousávamos parar. Algo nos impulsionava, fosse orgulho, vergonha de voltar atrás, dívida, ou o sonho quase extinto de terra própria — nunca o trouxemos ao som da palavra.

Dois mil dólares em cristal por apenas vinte dólares! João Batista tinha seguido viagem desconsolado rumo ao sul até a cidade de Jaraguá pela nossa estrada. Eu me lembrei de algo! Corri atrás dele, chamando roucamente. "Espere por mim, João Batista... espere, temos algum dinheiro."

Ele parou confuso enquanto eu o alcançava.

"Eu me esqueci quando disse que não tínhamos dinheiro. Meu marido tem duas notas de cem dólares que ele carrega, uma em cada bota."

"E então...?"

"Ele as mantém escondidas nas botas desde que viemos para Goiás. Eu havia me esquecido. Essas duas notas de cem dólares, ele as está guardando para pagar nossa passagem na terceira classe de volta para a América, se falharmos aqui. Volte e espere até ele retornar para o acampamento no sábado e ele pagará por todo o cristal."

"Você não vai voltar, minha amiga", disse o mineiro com uma gentileza que não pôde esconder.

"Por favor, espere até sábado, João Batista. Eu sei que meu marido concordará em pagar pelo cristal", implorei, porque pude ver que ele não estava mais ansioso para se desfazer dos minerais preciosos.

"Eu não vou vender o cristal para você com o dinheiro que seu marido economizou para o dia em que vocês fracassarem e quiserem fugir. Enquanto vocês *puderem* fugir, pessoas como você e seu homem não vão fazer isso."

Ele estava puxando a corda de chumbo do seu burro.

"Bom, então, adeus, João Batista...", eu disse.

"Adeus, dona Joana." Ele apertou firme a minha mão. "Tente se lembrar, minha jovem, nunca troque algo vivo, quer sejam sentimentos ou coisas que dão vida, por metal."

"Adeus." Fiquei lá, observando, até ele desaparecer de vista em uma curva da estrada. Ele não usou as mesmas palavras que a velha Josefa ou as mulheres pioneiras ou os desbravadores, nem mesmo os nossos amigos assassinos, mas tudo se somava à mesma conclusão e crença. Que tudo é providenciado para nossas necessidades por um bom Deus se buscarmos com olhos que veem. Sempre me lembrarei da lição do velho mineiro sobre o ouro. Por que alguém deveria procurar e acumular? Por que não adquirir conforme a necessidade surge e apenas na quantidade necessária?

De volta ao acampamento, eu acariciei e manuseei o pedaço de ametista do qual agora era dona, um pedaço de ametista com cerca de trinta centímetros cúbicos. Estaria mentindo se não dissesse que parte da alegria da minha aquisição foi estragada ao me lembrar do vandalismo que foi a minha ordem de cortar árvores frutíferas de café em troca dele.

No sábado à noite, meu marido voltou como de costume para o acampamento, mas desta vez havia algo diferente. Ele parecia mais quieto e arrastava os pés. No início, pensei que fosse apenas exaustão de uma longa semana suada na estrada. Ele mexeu na rede à procura de uma muda de roupa para levar até o riacho, onde tomaria banho. Procurou mais e ainda não conseguia encontrar o que queria.

"Você sabe onde está minha outra calça jeans azul?", ele perguntou tão pacientemente que eu deveria ter imaginado.

"Sim", confessei.

"Você poderia, por favor, encontrá-la para mim? Estou tão cansado que acho que não consigo enxergar direito", ele disse.

"Companheiro, por favor, não fique bravo comigo. Dei-a de presente."

Eu esperei por uma torrente de palavras ou, pelo menos, um bom e saudável "droga".

"Ah, você deu de presente?"

"Sim."

"Quem a tem?" Ele ainda falava tão pacientemente que eu comecei a ficar assustada. Este era um lado da natureza do meu marido que eu nunca tinha visto.

"Eu dei a um pobre velho mineiro que não tinha troca de roupa e estava suando de febre."

Ele não me perguntou que mineiro. Ele não me questionou sobre nada. Em seu retorno semanal, ele costumava estar ansioso, se não apreensivo, por um relatório completo sobre o que ele dizia serem meus "afazeres". Uma das nossos alegrias ao nos reunirmos após uma semana separados era meu relato. Ele me contava exatamente quantas jardas de estrada foram feitas, quantas escavações foram feitas, quantas pontes de troncos foram construídas sobre ravinas ou grutas. Eu relatava todas as coisas que aprendia e faziam de mim uma esposa mais valiosa. Mas agora: silêncio. E nem um sorriso. Nada além de uma postura estoica, carregando algum fardo que ele não fazia questão de compartilhar comigo.

Ele tomou banho, voltou e comeu nosso escasso jantar, e então se sentou em um tronco, colocando a cabeça entre as mãos. Devemos ter ficado em silêncio ao redor da fogueira por algumas horas. Eu me sentia mais culpada a cada minuto, e teria recebido de bom grado uma explosão para desanuviar. Era um sentimento que meus amigos brasileiros tão habilmente chamavam de "sem graça".

Sem conseguir aguentar o silêncio por mais tempo, explodi: "Eu gostaria que você desabafasse. Se fiz algo que te desagradou, eu sinto muito".

Ele olhou para mim e disse: "Você? Você não fez nada. Foi o que eu fiz que me deixou para baixo".

"Não é possível", eu protestei.

"Eu não tinha o direito de te tirar da vida confortável com a qual estava acostumada para te trazer para esta situação infernal. Companheira, acabou. Nunca vamos conseguir construir a estrada e nunca vamos conseguir nenhuma terra!"

Eu ouvi e, mesmo quando houve longos silêncios entre as frases, não o interrompi. Ele me contou que adiante na estrada encontrou um trecho de três quilômetros de rocha sólida. Não tínhamos equipamento para explosão. Nenhuma corrente ou guinchos para remover rochas grandes. Não havia como contornar a montanha de pedra. Tinha que ser cortada. As chuvas em breve aumentariam em volume e frequência. A menos que ele pudesse cobrir com cascalho os trechos já construídos, a chuva levaria tudo. E eu sabia da mensagem que ele recebeu de um vaqueiro que passou? Uma caravana de migrantes consistindo de duas carroças de bois com rodas de pico e uma dúzia ou mais de mulas de carga sabotou nossa estrada. Se eu quisesse, no dia seguinte, poderia ir com ele retrocedendo pela estrada e ver por mim mesma. O dono da caravana era um assassino que estava fugindo da lei em um estado do sul. Ele escolheu o centro de Goiás como seu esconderijo. Ao ver uma estrada, ficou furioso. Uma estrada traria a lei! Ele não queria nada com a lei. O capitão me disse que recebeu do vaqueiro todos os detalhes da destruição proposital da estrada. Com uma meticulosidade deliberada, o fugitivo assassino dirigiu suas carroças de bois com rodas de pico lateralmente para a frente e para trás pela estrada amolecida pela chuva, fazendo sulcos profundos que a chuva tornava ainda mais profundos. Com machados, ele e sua comitiva destruíram as pontes. Por cerca de vinte e quatro quilômetros, nossa estrada estava dilacerada, e as chuvas estavam completando o estrago.

"Uma montanha de pedra à frente e, atrás de nós, meses de trabalho destruídos", ele terminou.

"Por que ele teria medo da lei passando por nossa estrada enquanto todos os nossos outros amigos assassinos estão nos ajudando a construí-la? Eles não estão enfrentando as mesmas dificuldades?", perguntei.

"Eu não sei. Talvez este tenha cometido um assassinato que não foi justificado."

Naquela noite, eu lhe contei sobre minha experiência com o mineiro e como quase consegui um carregamento de cristal que resolveria todos os nossos problemas. Meu marido se sentou na rede e prestou atenção.

"Para onde ele estava indo? Iremos atrás dele amanhã cedo e compraremos o cristal. Claro que você está certa. Isso será uma resposta para tudo."

Ele acordou Acidino e Dionésio e ordenou que partissem antes do amanhecer rumo ao acampamento instalado mais adiante de nossos amigos pioneiros e pedissem emprestados dois cavalos e selas.

Era por volta das nove horas da manhã do dia seguinte, um domingo, quando saímos a galope do acampamento e voltamos pela nossa estrada para alcançar João Batista. Seguimos as pequenas pegadas do casco do seu burro que ziguezagueavam na terra úmida e vermelha solta da estrada. De repente, chegamos à cena de devastação de nossa estrada. Uma trilha fora cortada em uma tangente para a direita. Vimos os cortes profundos e impiedosos das rodas de pico que desviavam para aquela trilha. O assassino e sua caravana aparentemente não iam para o oeste. Eles cortaram um desvio para o leste.

Os danos à estrada eram piores do que os relatados pelo vaqueiro. Riachos de água estavam transformando os sulcos em valas. Na confusão de rastros de mulas, rodas de bois e pegadas humanas, perdemos o rastro de João Batista.

"Mas ele me disse que estava indo para Jaraguá vender o cristal no posto de comércio de Diony", repeti para meu marido. "Vamos galopar e alcançá-lo antes que chegue à vila."

Montamos a cavalo, desviando os olhos da nossa estrada devastada. No final da tarde, chegamos ao posto de comércio. Fomos calorosamente recebidos por Diony e sua família e todos os habitantes da vila.

"Você ficará registrado como benfeitor do estado de Goiás, capitão", disse Diony, abraçando meu marido. Os habitantes da vila se juntaram aos elogios. "Você está abrindo um novo rincão, e este país só precisava de uma estrada para se desenvolver."

Meu marido estava envergonhado com os elogios e duvidava ser um benfeitor ou mesmo que a estrada seria bem-vinda. Ele estava muito desestimulado para acreditar na sinceridade deles.

"E dona Joana também", acrescentou Diony ao grupo reunido no posto de comércio. "Ouvimos sobre sua bravura e somos gratos pelo magnífico exemplo para as outras mulheres que a seguirão."

Era minha vez de sentir modéstia e vergonha. Teimosa e desesperada, sim, mas não corajosa, e enquanto estávamos cercados por aquele grupo de pessoas simples e sinceras para quem a estrada traria uma prosperidade inédita, aceitei seus elogios com culpa.

O capitão estava conversando com Diony. "Vamos ter que abandonar a estrada. Eu odeio admitir, mas é essa a verdade."

"Você não pode desistir agora, capitão. Muitas pessoas estão dependendo da sua estrada. Nós, aqui em Jaraguá, vamos montar uma usina elétrica para moer o arroz que será plantado em todas as terras marginais da estrada." Diony estava suplicando.

"Eu sei que é uma vergonha desistir agora, quando está quase terminada, mas sou um homem que nunca esteve endividado e não consigo ver claramente como continuar a incorrer em dívidas por trabalho, quando não tenho certeza se conseguirei pagar."

Um dos homens do grupo se juntou para apoiar Diony. "Capitão, há um homem aqui em Jaraguá que tem um caminhão cheio de medicamentos e móveis. Ele vai adiante, começar uma cidade e montar uma farmácia e uma loja de conveniência."

O futuro proprietário da farmácia acrescentou: "Capitão, há um grupo inteiro de nós pronto para construir uma cidade. Vamos chamá-la de Castrinópolis. Estamos apenas esperando você completar mais algumas milhas para que possamos chegar de caminhão."

Sua ansiedade para que continuássemos a estrada era como um tronco flutuante em que nos apoiávamos para não afundar. Falei em inglês com meu marido.

"Pergunte a eles onde está João Batista. Se o encontrarmos e você comprar o cristal, podemos conseguir dois mil dólares e terminar a estrada."

"Senhor Diony", disse meu marido, "você poderia me informar onde posso localizar um mineiro de cristal, um velho barbudo que tem um burro? Ele está aqui na cidade? É necessário que eu o encontre. É urgente que eu o encontre!"

"Não vi nenhuma pessoa assim", disse Diony. "Talvez ele não tenha passado por Jaraguá." Ele perguntou a todos os homens presentes se tinham visto a pessoa que descrevemos, e meu coração se despedaçou quando todos negaram sequer ter visto João Batista passar.

Meu marido se virou para mim. "Que história é essa sobre o mineiro, afinal? Você tem visto miragens?"

"Miragem coisa nenhuma", respondi indignada. "Suponho que o grande pedaço de ametista que mostrei para você no acampamento também seja uma miragem?"

Diony estava conversando em voz baixa com o grupo agora reunido em seu entreposto. Ele se separou dos outros e propôs ao meu marido uma solução para nossas dificuldades.

"Capitão, estou disposto a lhe fornecer tudo de que precisar em termos de ferramentas, alimentos e roupas para sua equipe na estrada, a crédito. Eu nasci e cresci aqui em Jaraguá e esperamos uma vida inteira para ver alguém abrir esse rincão até as terras ricas lá embaixo."

"Obrigado, mas não posso me comprometer com mais dívidas", respondeu meu marido, e a forma como disse isso não deixou margem para mais discussão.

Perguntei se tinham chegado sacos de correio em Jaraguá vindos de São Paulo e se havia alguma correspondência para nós. A resposta para a primeira foi sim; quanto à correspondência para nós, não.

O futuro construtor da cidade falou: "Capitão, estou disposto a contribuir com um caminhão de suprimentos gratuitamente para você continuar com a estrada. Por favor, faça-me a honra de aceitar."

Meu marido pausou antes de responder. "Está bem, senhor, e garanto que todos nós somos gratos."

Voltando para o acampamento novamente, evitamos olhar muito de perto para os danos em nossa estrada. Tivemos um pequeno alívio na pressão financeira, e fiquei mais esperançosa, pois logo aquele cheque deveria chegar de São Paulo.

Com um novo estoque de picaretas e algumas correntes pesadas, meu marido atacou a montanha de pedra. Fiel à sua palavra, o farmacêutico enviou suprimentos para nós. Levou quase um mês para reparar a parte destruída da estrada e o caminhão poder passar e chegar ao limite mais distante da estrada, ao pé da montanha. Com picaretas e pés de cabra, os homens escavaram a pedra. O caminhão rebocava as pedras para fora do caminho, puxando-as com correntes. Estávamos animados, porque mais uma vez tínhamos esperança.

Dionésio, o sem nariz, disse-me ao me ver sorrindo novamente e pisoteando com mais entusiasmo a argamassa de esterco, formigueiro e barro para terminar nossa casa: "Veja, dona Joana, não há necessidade de você e seu marido estarem tristes! Sabe-se que é preciso cair para se levantar".

Estávamos destinados a cair para que pudéssemos nos levantar muitas e muitas vezes depois disso, mas enfrentamos nossas quedas ao longo do tempo e ganhamos resiliência para nos reerguer. Eu já não era mais Bicho-Medidor ou Moça da Água. Tínhamos pessoas suficientes e de sobra trabalhando na estrada. Dediquei todas as minhas energias para terminar nossa casa, receber novos migrantes e recolher dejetos de bois. A cada ser humano que permanecia fosse por um dia, uma hora ou mais no acampamento, eu me enriquecia com conhecimento. O que aprendi talvez não tivesse valor comercial, mas me deu um conhecimento que me fortaleceu contra qualquer situação. Havia centenas de pessoas espalhadas ao longo da estrada, esperando para seguir em frente à medida que ela era desenvolvida.

Estávamos em uma situação estranha, afinal, o foco de esperança de centenas de famílias recaía sobre nós. Eles nos dotaram, a meu marido e a mim, de poderes para realizar o impossível, quer fosse terminar a estrada, apesar das chuvas intensas, trazer ao mundo um bebê ou curar um criminoso. Não adiantava protestar que não éramos médicos ou enfermeiros. A reação inevitável às nossas negativas de ser tudo para todos provocava a simples afirmação: "Ah, mas é claro que podem. Vocês são americanos".

Cuidamos e curamos casos de tifo que foram resultado de multidões acampando sem instalações sanitárias. Curamos dezenas de crianças com vermes. Rasgamos roupas velhas e esfarrapadas para fazer ataduras para feridas de machado ou arma.

No dia que Andriano voltou de uma de suas viagens para o norte, trouxe uma mensagem de um pai angustiado de três meninas pequenas. Ele pediu a Andriano que enviasse meu marido e eu imediatamente para sua propriedade a uma distância de cerca de setenta e sete quilômetros. As três meninas estavam morrendo de pneumonia, dizia a mensagem.

Em cavalos emprestados e sob uma forte chuva tropical, partimos para a propriedade de Henrique. Ao chegarmos, as três crianças ardiam de febre. Um exame mostrou que não era pneumonia, mas tifo. Como é costume nesses locais remotos, quando há uma doença grave em uma casa, a casa fica cheia de vizinhos de milhas ao redor. A primeira coisa que fizemos foi expulsar os visitantes do quarto das doente: mães que amamentavam, crianças curiosas, pais preocupados.

Tivemos que depender de cuidados simples para tentar curar o tifo devastador, e fizemos tudo o que pudemos para isolar os casos para que uma epidemia não se espalhasse. Banhávamos as crianças em álcool bruto feito de cana-de-açúcar e as mantínhamos em uma dieta líquida. Um de nós, meu marido ou eu, ficava junto à porta do quarto da pessoa doente, impedindo qualquer um que tentasse trazer comida sólida para as crianças. Um clima de hostilidade crescia em relação a nós e, frequentemente, ouvia sussurros de advertência para a mãe de que estávamos deliberadamente privando as crianças de alimentos.

Três semanas depois, o que coincidiu com a véspera de Natal, as crianças estavam aparentemente bem e, exceto pela fraqueza e pelas advertências à mãe para não lhes dar comida sólida, sentimos que poderíamos voltar ao acampamento. Nem eu nem meu marido trocamos de roupa nessas três semanas, e estávamos exaustos da vigília diurna e noturna sobre as crianças.

Informamos a Henrique que se ele colocasse os cavalos no curral naquela noite, partiríamos antes do amanhecer para retornar as quarenta e oito milhas rumo ao acampamento. Não havia mais nenhum lugar naquela propriedade para dormirmos, pois o número crescente de vizinhos que vinham visitar e permaneciam ocupava todo o espaço disponível para redes. Meu marido e eu nos retiramos para um paiol de milho nos fundos do quintal e penduramos nossas redes nas vigas. Foi uma noite de horror que nunca esquecerei. Ratos enormes, dezenas deles, perambulavam pelo milho. Alguns corriam sobre nosso rosto na rede. Ficamos acordados espantando os ratos. De repente, um uivo penetrante rasgou o ar da noite, mais alto do que o rugido do trovão e a chuva torrencial. Era o grito angustiado de Henrique, indescritível, apenas um grito.

Corremos para a casa. À luz tremeluzente das velas no quarto das crianças, vimos Henrique segurando o corpo rígido e moribundo da pequena Elizabeth, de onze anos. Outro grito rasgou a garganta da mãe. Em seus braços estava Alda, de sete anos, com o rosto distorcido pela morte. Na terceira caminha, Tecla, de apenas quatro anos, convulsionava rumo à morte.

"O que aconteceu?", perguntou meu marido, chocado e horrorizado.

"O que é isso? Essas crianças estavam bem ontem à noite." Tentei fazer com que a mãe desolada me respondesse.

"Vocês as mataram!", acusou Henrique, silenciando os vizinhos chorosos com o ódio e a amargura da paternidade roubada.

"Você as matou de fome", acusou-me a mãe. "Estrangeira assassina!"

Eu não conseguia falar. Senti como se tivesse recebido um golpe de porrete no rosto.

"Meu Deus, isso é terrível", disse meu marido. "Alguém fez algo com essas crianças enquanto estávamos no paiol de milho."

"Companheiro", eu gritei, "o que faremos? O que aconteceu?"

Estendi a mão até a caminha onde Tecla jazia agora em coma e a peguei. O pai gritou para mim:

"Não a toque, assassina!"

Não sei como meu marido me tirou de casa e me levou até perto do riacho. Acho que não senti a chuva me encharcando. Só conseguia continuar perguntando a ele: "Por quê? O que aconteceu?".

Quando tentamos nos preparar e partir ao amanhecer, Henrique nos deteve dizendo: "Nenhum de vocês sairá daqui até trazermos um médico de Jaraguá e fazermos uma autópsia!".

Há um jovem médico que estabeleceu sua clínica em Jaraguá, chamado dr. Peixoto. Henrique enviou um homem a cavalo para buscá-lo. Levaria pelo menos cinco dias para o mensageiro ir e voltar. Dissemos a Henrique, quando seu pesar se reduziu a um sofrimento silencioso, que ele precisava enterrar as crianças. O calor e a doença fariam os corpos se decomporem em breve. Henrique estava irredutível. Ele se recusou a enterrar as crianças antes de a autópsia ser feita.

É difícil para mim relatar os acontecimentos dos quatro dias seguintes com coerência, pois se fundiram em medo, horror e uma sensação de estar encurralada. Quando o médico chegou, os corpos já tinham se decomposto, e o cheiro e a quantidade de moscas na casa eram quase insuportáveis. Após examinar os corpos, ele confirmou o diagnóstico de tifo e ordenou que as duas crianças fossem enterradas imediatamente. Tecla, ele levou de volta para Jaraguá consigo. Ela foi carregada em uma rede entre dois cavaleiros.

Absolvidos pelo médico de qualquer culpa pelas mortes, mas não pelos pais, nos foi permitido voltar ao acampamento. Antes de chegarmos lá, a história de que tínhamos matado as filhas de Henrique já tinha se espalhado. A história aumentou conforme era contada e os motivos atribuídos ao duplo assassinato eram: um, não tínhamos filhos e éramos invejosos; dois, Henrique era alemão e havia se estabelecido em uma propriedade após a Primeira Guerra Mundial e, porque éramos americanos e sabíamos que os Estados Unidos estavam à beira de outra guerra com a Alemanha, deliberadamente exterminamos as crianças.

Nos dias seguintes, mantive-me muito quieta no acampamento. Se algum dos migrantes acreditasse em um grão das mentiras contadas sobre essas mortes, eu não queria impor minha presença a eles. Meu marido estava tão confuso e foi tão incapaz de descobrir o que matou aquelas crianças quanto eu. Elas estavam bem quando as deixamos na véspera de Natal para dormir no paiol de milho!

Ouvimos dizer que Henrique passou por nosso acampamento à noite a caminho de Jaraguá para fazer uma acusação contra nós dois. Cada vez que ouvia os cascos dos cavalos se aproximando, eu tinha certeza de que era a lei vindo atrás de nós. E o pior era o barulho dos motores dos caminhões que viajavam em nossa estrada e despejavam colonos com suas posses ao final dela.

Eu comecei a entender por que Cirenue, o dono assassino da caravana, odiou nossa estrada e tentou destruí-la. Ela poderia trazer a lei!

Alguns dias depois, estava aprendendo a fazer uma capa de chuva com borracha selvagem. Uma das mulheres migrantes, chamada Vitalina, ofereceu-se para me mostrar como encontrar os materiais para roupas à prova d'água a partir de matéria-prima que, como ela disse tão habilmente, "o bom Deus colocou bem debaixo do seu nariz para ser usada".

Caso um dia precise produzir capas de chuva caseiras, é assim que se faz.

Da mangabeira ou árvore da borracha selvagem, que é uma árvore pequena, retorcida e de folhas brilhantes da planície, extrai-se o látex ou leite de borracha. Em um recipiente de cerâmica, adicionei as claras de dois ovos para dar consistência ao látex, duas claras de ovo para cada litro de látex. Em seguida, acrescentei um pouco de enxofre moído como medida preventiva contra baratas que poderiam comer a capa de chuva. Com o tecido caseiro costurado na forma de capa, estiquei-o firmemente em galhos com espinhos para que não houvesse rugas. Era mais ou menos a mesma teoria do sistema de esticar cortinas de renda em uma moldura para secar. Com um pincel feito com pelos de crina de cavalo, pintei a mistura de borracha em ambos os lados da capa e deixei secar. Quando falo que "eu fiz" o que foi descrito acima, quero dizer que o passo a passo Vitalina fez, e eu a ajudei e aprendi. Quando seca, a capa de chuva era realmente à prova d'água. Mais tarde, fiz muitas peças bonitas de lona por esse mesmo sistema. Simplesmente pegando belos pedaços de tecidos caseiros com estampa xadrez ou listrada e os pintando com a mistura de borracha selvagem, eu tinha toda a lona de que precisava e algumas peças especialmente interessantes para vender.

Henrique chegou ao acampamento. "Quero falar com você, dona Joana. Com a senhora e o capitão juntos", disse ele, parecendo ter perdido toda a sua raiva.

"Meu marido está mais adiante no acampamento, perto da montanha de pedra, e só retorna depois de amanhã, mas você pode falar comigo", eu falei, preocupada com o que estava por vir.

Ele desmontou do cavalo, veio até mim, apertou minha mão e então, com dificuldade, começou a falar. "Você pegou as unhas de tatu da cozinha da minha casa?", ele disparou.

Pensei que ou ele ou eu estivéssemos delirando.

"Que unhas? Não sei do que está falando."

"As unhas que escondi lá. Preciso delas para a autópsia", ele respondeu.

"Desculpe, mas ainda não entendi o que você quer de mim", respondi.

"Agora tenho certeza. E terei mais ainda quando as analisar. Preciso saber como elas desapareceram para que eu possa recuperá-las e mandar alguém examiná-las", ele explicou.

Pedi a Vitalina que falasse com Henrique, para que ele explicasse com mais detalhes o que procurava. Supus que ele estivesse usando expressões em português com as quais eu não estava familiarizada. Vitalina pediu para ele repetir e, por sua vez, me disse:

"Você o entendeu corretamente, dona Joana. Ele quer saber se você roubou ou escondeu alguma evidência de que ele precisa sobre a morte das suas filhas. Ele diz que duas mulheres feiticeiras o mandaram sair na noite em que as crianças morreram para procurar e trazer um tatu que come carniça. Ele diz que matou o tal tatu e removeu as unhas das patas, e que as feiticeiras fizeram um chá para as crianças beberem depois que você e seu marido saíram para dormir. Agora, ele pensa que a sujeira e a carniça nas unhas do tatu podem ter sido prejudiciais para a saúde das crianças."

"O que mais você deu a elas depois que saímos do quarto, Henrique?", perguntei.

"Minha esposa apenas deu-lhes algo de comer."

"Como o quê?" Eu tinha esperança de que pudéssemos ser absolvidos das acusações criminais.

"Carne de porco frita, feijão cozido e arroz."

"Elas comeram muito?"

"Um prato grande cada uma. Você as deixou com fome por muito tempo", ele acusou.

"Você ainda acha que tivemos algo a ver com a morte das suas meninas?", perguntei, agora com raiva em vez de medo.

"Não. O médico me explicou que os intestinos delas estouraram. Deus me perdoe." E ele enterrou o rosto nas mãos e soluçou suavemente.

CAPÍTULO VIII

170

ABSOLVIDA DE QUALQUER CUMPLICIDADE NA TRAGÉDIA QUE OCORREU COM AS FILHAS DE HENRIQUE, COLABOREI COM ALEGRIA E ESPERANÇA PARA TERMINAR NOSSA CASA. GRAÇAS À AJUDA das pioneiras que passavam, nosso lar estava se tornando um modelo de eficiência no rincão. Sobre o fogão feito de pedras e rebocado com a mesma argamassa das paredes, eu tinha um varal de ervas: raízes de salsaparrilha e de alcaçuz, gengibre, pimenta silvestre, favas de baunilha, casca de quinino, sálvia e casca de limão silvestre. As cascas secas de limão eram para acender o fogo. Com a faísca de uma pedra de sílex e um chifre de vaca com algodão queimado na ponta, a casca de limão inflamava quase tão rapidamente quanto papel.

Esticada em outro varal estava minha reserva de linha. Aquela linha era a fibra da palmeira tucumã, uma pequena palmeira abundante nas planícies que, além de ser uma fonte de linha, barbante, linha de pesca e fibras para fazer redes, dá cachos de uma fruta negra, semelhante à uva. As frutas eu transformava em vinagre e guardava em jarras de cerâmica.

Embora leve apenas algumas horas para relatar a abundância de minha casa na fronteira, levei meses para aprender a produzir ou adquirir tal fartura. Fui ensinada sobre o melhor tipo de argila para fazer pratos, panelas e frigideiras. Qual lua era a melhor para cavar a argila para que não rachasse no forno rudimentar. Não tínhamos torno. As partes curvas e redondas das cabaças serviam como molde para potes, panelas e tigelas. Um toco de milho queimado era meu polidor para a argila úmida.

Em um cômodo da casa eu tinha uma boa reserva de mantimentos contra qualquer fome futura. Eu defumava um presunto de cada javali que Dionésio abatia. Em pouco tempo, aprendi onde encontrar salitre para salgar a carne. Aconteceu com naturalidade. Dionésio declarou que não poderia mais caçar para nós a menos que lhe déssemos permissão para "ir caçar um pouco de pólvora".

Embora duvidasse que algo de bom viesse de sua partida, especialmente em uma missão como "caçar um pouco de pólvora", meu marido permitiu que ele fosse.

Suspeitávamos que ele provavelmente voltaria à sua antiga profissão de matar por dinheiro. Com tantos migrantes se estabelecendo na região, ele evidentemente tinha encontrado um ou dois clientes dispostos a pagar uma pequena quantia para se livrar de algum sujeito indesejável.

Dionésio havia sido tão leal e pacífico durante o trabalho na estrada, saciando seu desejo de matar caçando comida para nós, que, de última hora, fiz uma tentativa de lhe dar bons conselhos.

"Dionésio, não volte à violência", sussurrei para ele enquanto se preparava para deixar o acampamento. "Se você se comportar, pode ter uma boa posição na comunidade e as pessoas logo esquecerão a vida que costumava ter."

Em resposta, ele me mostrou os cartuchos vazios em sua bolsa de ombro. "Não me daria ao trabalho de mentir para a senhora ou para o capitão, dona Joana. Só minto para as mulheres por quem sou louco." Com isso, ele se afastou, cortou caminho pela floresta e desapareceu.

As mangabas, frutas da árvore da borracha selvagem, estavam maduras. Essa fruta deliciosa é do tamanho e da cor de uma nectarina e muito suculenta. Junto com algumas mulheres e crianças migrantes, ajudei a recolher cestos enormes cheios de mangabas. Nós nos fartamos com a fruta fresca e ainda sobraram muitos baldes.

Agora eu tinha reconhecimento entre as mulheres por minha habilidade em fazer geleia e, é claro, destacava essa capacidade sempre que possível porque era algo que as mulheres pioneiras não sabiam fazer. Eu trocava ervas e ovos por blocos de açúcar mascavo. Com açúcar mascavo duro raspado em uma panela fervente de caju, ou casca de limão, ou jabuticaba, ou goiabas silvestres, eu havia preparado algumas geleias deliciosas. Não tinha copos para conservar a geleia, então inventei um tipo de "copo" que encontrei bem debaixo do meu nariz. Cortava pedaços gigantes de bambu-imperial nas juntas, escaldava-os e secava-os ao sol. Eles serviam como bons recipientes herméticos que eu selava com cera retirada das colmeias selvagens em buracos de árvore.

O orgulho precede a queda! Resolvi fazer geleia com a fruta da borracha selvagem. Usando o mesmo sistema de fervura da fruta, eu cantarolava alegremente para mim mesma e explicava às mulheres que me observavam que não havia nada complicado, que era fácil. Talvez estivesse tentando retribuir os meses em que as segui como aprendiz. Quando as mangabas começaram a ferver, tentei mexer com uma colher de pau, mas não mexia. Eu tinha uma massa pegajosa que se esticava como elásticos largos quando retirava a colher.

"A dona Joana me permite fazer uma sugestão?", disse uma das mulheres cortesmente.

"Certamente", respondi, um tanto mal-humorada. Despejei mais água nas mangabas e ainda tinha uma sopa elástica.

"Quando se cozinha a fruta da árvore da borracha selvagem, é preciso furar a casca da fruta na noite anterior e deixar o leite escorrer antes de cozinhar."

"Ah", eu disse.

"É o mesmo método que usamos para fazer glacê de mangaba. Furamos primeiro a casca da fruta, deixamos de molho em água para remover o leite de borracha, depois fervemos no açúcar e secamos ao sol."

Glacê de fruta! E eu pensava que estava mostrando algo a elas! Mangaba glaceada é uma grande iguaria nas confeitarias do Rio e de São Paulo.

Eu aceitara com resignação o abate do bezerro da nossa vaca antes mesmo que ela nos fornecesse o suprimento de leite necessário para uma semana. Prometi ao caçador um filhote extra dos cães como compensação. Eu havia superado a dúvida sobre o mineiro de cristais ter sido somente produto da minha imaginação (nunca mais ouvimos falar dele), mas falhar diante das mulheres que eu estava tentando impressionar com minha habilidade exclusiva me fez voltar ao meu tamanho real.

Dionésio retornou após vários dias trazendo consigo um saco de estopa preenchido pela metade com salitre bruto. Parecia apenas sujeira comum para mim, meio mostarda e marrom-chocolate. Ele começou a fazer a lixiviação de maneira primitiva. Cavou um tronco para fazer uma calha, encheu-o com argila vermelha úmida, colocou o salitre em cima da argila e derramou água sobre ele. Após alguns dias, uma crosta salina branca e fina se formou na superfície. Ele a raspou, secou ao sol e disse:

"Agora temos os ingredientes da pólvora."

Eu o observei fazer o pó. Ele conseguiu galhos de uma árvore chamada "pólvora" na vegetação rasteira. Ele os queimou ainda verdes no fogo até que ficassem carbonizados. Quando esfriaram, ele triturou o carvão até se tornar um pó fino. Ele pulverizou enxofre. Cuidadosamente, mediu partes iguais de salitre, pó de carvão e enxofre e os misturou bem. Estava lá a sua pólvora. Em permutas oportunas com os migrantes, ele trocou pólvora por chumbo e assim reabasteceu o departamento de caça.

"Isso é realmente salitre do tipo que se pode colocar na comida?", perguntei, surpresa com a facilidade com que ele resolveu um problema tão desesperador quanto a falta de cartuchos carregados.

"Nunca ouvi falar em comer os ingredientes de um cartucho", ele respondeu com certa tolerância.

Decidi experimentar a cura da carne com salitre lixiviado. Adicionando cautelosamente apenas um pouquinho de salitre a uma perna de javali, notei que a carne ficou com uma cor rosada. Em seguida, mergulhei a carne em uma solução de água salgada, que era minha versão da lixiviação do sal encontrado nas lambidas dos animais. Dessa vez, mantive minha boca fechada sobre essa novidade, planejando me livrar sorrateiramente do "presunto" se ele se mostrasse intragável. Aparentemente, o salitre estava funcionando tão bem quanto o salitre de loja na carne. Após vários dias de imersão da perna na salmoura improvisada, enxuguei-a e a pendurei na fumaça. Como um toque extra, usei casca de canela para dar um sabor defumado.

Aproveitando a ausência do meu marido no acampamento, cortei uma fatia de "presunto" uma manhã e fritei. Parecia presunto, cheirava a presunto e tinha gosto de presunto. Fiquei apreensiva por algumas horas depois, esperando uma dor de barriga se o salitre não fosse do tipo para conservar alimentos, mas apenas para explosivos. Para minha alegria, não senti efeitos adversos, pelo contrário, uma sensação de bem-estar e euforia não apenas por um triunfo culinário, mas pelo conhecimento obtido de Dionésio por meio de monossílabos sobre onde exatamente estavam localizados os depósitos de salitre.

Na despensa, eu tinha uma reserva de sabão para vários meses, tanto sabão branco quanto sabão preto para lavar roupas. As mulheres me mostraram as vagens das árvores oleaginosas produtoras de sabão. Elas me ensinaram a guardar cada pedaço de cinza das fogueiras e como lixiviar o potássio para fazer sabão. As sementes de mamona eram a fonte do sabão branco. Eu não sabia que as sementes de mamona eram usadas para algo além de um purgante nauseante. Na fronteira, as plantas de mamona eram usadas para demarcar limites. Um colono que comprava terras ou as recebia por direitos de colonização cavalgava ou caminhava em linha reta soltando sementes de mamona. Se ele cavalgasse, calculava pelo sol que um cavalo anda a seis quilômetros por hora e, se caminhasse a pé, percorreria quatro quilômetros por hora. Com base nisso, ao demarcar os limites de suas terras, ele deixava as sementes caírem e, na estação chuvosa, em poucos dias, as plantas de mamona brotavam e marcavam um limite a ser respeitado para sempre.

Hoje, é possível ver grandes fazendas demarcadas por plantas de mamona de mais ou menos três metros de altura. Fogo e enxada não podem arrancá-las e são pontos de referência perpétuos.

Uma das primeiras coisas que aprendi sobre as sementes de mamona foi quando tive curiosidade a respeito de onde as famílias migrantes conseguiam óleo para suas lâmpadas. Uma mulher idosa pensou que eu estava brincando quando perguntei: "Mas de onde vocês tiram querosene para as lâmpadas aqui no meio do nada?".

"Você não acredita em Deus?", ela perguntou espantada.

"Certamente", respondi.

"Ele não disse 'Haja luz' e houve luz?"

"Sim", respondi humildemente.

"Bem, não é por isso que, aonde quer que você vá, pode encontrar a semente da planta de mamona para o óleo da sua lâmpada?"

Sim, é isso mesmo. Obrigada.

CAPÍTULO IX

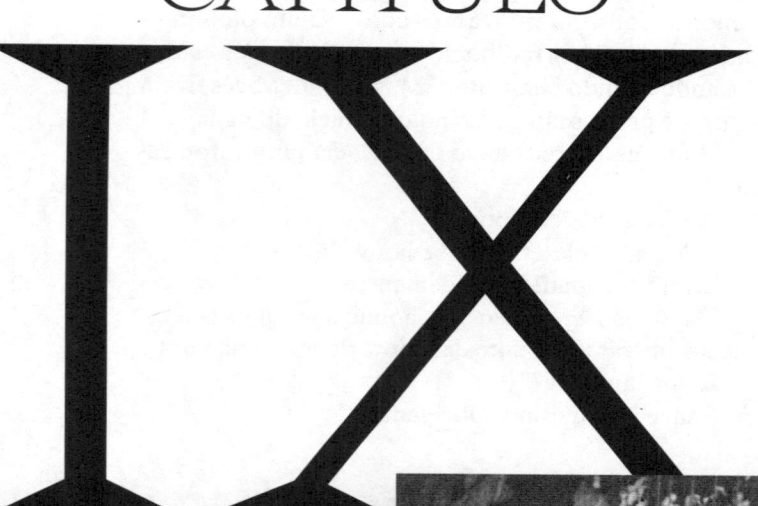

178

A CIDADE DE CASTRINÓPOLIS

FOI FUNDADA COM UM ARMAZÉM GERAL, UMA FARMÁCIA E PEQUENAS FAZENDAS INICIADAS EM CLAREIRAS.

Desmatamos uma área perto de nossa casa e, com a orientação de nossos amigos, plantamos o que é conhecido como "arada", ou fazenda, entre os tocos e as raízes de madeira de lei.

Tínhamos um bando de galinhas, que se juntaram aos galos dos pioneiros que passavam cujas mulheres não tinham dado à luz recentemente e, portanto, tinham o macho da espécie. Tínhamos panelas de ovos e frango para todos os dias, até enjoar.

A estrada estava progredindo bem. Parecia-nos que nosso sonho estava prestes a se realizar, pois não havia nenhum obstáculo previsto que pudesse nos deter de nosso objetivo.

Enquanto, sob a direção de meu marido, a estrada era feita com picaretas, enxadas e pás, eu acumulava o rico conhecimento do rincão. Mandioca e milho foram as primeiras culturas que plantamos entre os tocos. A mandioca é uma raiz de cerca de meio metro de comprimento que, quando cozida ou assada, lembra uma batata macia com um sabor de noz. Da mandioca são feitos muitos subprodutos. Uma farinha feita triturando mandioca crua, espremendo-a em um pano e depois torrando-a em uma pedra quente é um dos principais componentes da dieta no rincão. A farinha pode ser comida com açúcar ou misturada aos alimentos da mesma forma que são usadas migalhas de pão torradas. A água retirada da mandioca triturada crua é deixada para assentar e uma farinha superfina chamada "polvilho" é obtida para se fazer bolos e pudins.

O polvilho é usado para engrossar molhos, fazer pudins cremosos e engomar as golas do marido, se ele gostar delas assim.

Quando se tratou do plantio de mamoeiros, árvores de mamões ou papaias, como são conhecidos em outros países, não tive muita sorte no início. Os frutos do mamoeiro são quase selvagens. Digo quase selvagens porque sementes jogadas em qualquer lugar germinam sem cultivo e, dentro de um ano, são árvores de três metros e meio a cinco metros de altura carregadas com grandes frutos amarelos. Isto é, elas ficam carregadas de frutos se forem árvores "femininas". Para obter o feminino da espécie, levei muito tempo entre tentativa e erro. Até hoje, não sei como plantar e produzir árvores "femininas" cientificamente. Simplesmente planto muitas sementes e espero. As árvores masculinas que surgem, eu arranco.

A história de vida de um mamoeiro está envolta em tantas superstições e tantos sistemas de obtenção da árvore "feminina" que só posso relatar nossas experiências pessoais na obtenção de uma colheita. Foi-me dito, quando as árvores que plantei surgiram masculinas (distinguidas por sua flor pendente, diferente da árvore feminina, que floresce diretamente do tronco), que eu deveria castrá-las, cortando-as, e elas cresceriam novamente como fêmeas ou, pelo menos, híbridas, e, então, produziriam. Derrubei meus mamoeiros e eles cresceram novamente como machos.

Por outro informante, foi-me dito que deveria plantar as sementes mais fundo. Que, por causa da profundidade das sementes, seria necessária mais força vital nela para germinar e, portanto, apenas as fêmeas fortes cresceriam. Posso afirmar que esse sistema não funcionava. Consegui uma colheita de algumas poucas árvores femininas e uma maioria de árvores masculinas.

A parte irritante era que eu não conseguia distinguir o sexo das árvores de mamão até que crescessem e a flor saísse pendente ou dos troncos. Uma noite, ao reclamar com meu marido que não conseguia encontrar uma maneira segura de determinar as plantas de mamão "femininas", recebi a seguinte resposta útil: "Por que você não levanta as folhas delas e olha por baixo?".

O mamão tem muitos usos além de ser um melão delicioso de se comer. As sementes são fonte de pepsina. O mamão verde cozido como maçãs dá uma boa torta de maçã falsa. O leite da casca do mamão verde é um excelente substituto para remédio contra vermes. As folhas da árvore do mamão são usadas como amaciantes de carne. Pode-se embrulhar um pedaço de carne dura e velha em folhas verdes de mamão durante a noite ou, ainda, um galo mais fibroso, e algo no conteúdo químico das folhas amolece tanto carne quanto ave. As flores do mamão são brancas e de perfume pungente, imprescindíveis para fazer xarope para tosse. Também suspeito que as flores contenham algum tipo de droga indutora do sono, pois, certa vez, tomei uma caneca cheia de "chá" feito da flor masculina de mamão porque estava com uma tosse bronquial insistente. O "chá" me impediu de tossir porque dormi por vinte e oito horas.

Nenhum sabão de lavar roupa fica excelente sem ter algumas fatias duras de mamão verde misturadas a ele na fervura. O mamão dá ao sabão um poder de branqueamento.

Boas notícias chegaram ao acampamento por meio de nosso Andriano, o carteiro movido a burro e cheio de calos no traseiro. Uma carta veio do grupo de São Paulo contendo um cheque equivalente a mil e duzentos dólares! Em uma explosão de alegria pelo dinheiro finalmente ter chegado, entreguei a Andriano o restante do iodo que tínhamos para que ele pudesse curar seu bócio.

Meu marido voltou para Jaraguá e procurou Diony no entreposto. Ele deu o cheque para ser descontado, depois de comprar algumas ferramentas e suprimentos muito necessários, e voltou com o troco em notas menores. Havia um clima festivo no acampamento. Meu marido pagou aos trabalhadores que estavam conosco desde o início. Os pioneiros migrantes que ajudavam na estrada recusaram dinheiro, insistindo que ainda cumpririam o acordo de receber o pagamento em acres.

Como um presente muito especial de comemoração, ele me trouxe cinco quilos de farinha de trigo para eu fazer pão. Não tínhamos fermento, mas isso não foi impedimento algum. As mulheres me ensinaram a fazer pão de fermentação solar, colocando um pouco de farinha e água em uma tigela sob o sol quente até fermentar. Assim, eu tinha "fermento solar".

O alívio da pressão financeira e da dúvida de que algum dia seríamos pagos pela estrada mudou nossa atitude em relação a tudo. Comecei a encontrar alegria em coisas que antes passavam despercebidas. Eu já ouvira falar dos pássaros de orquestra — o bico-duro, ou tangará (o nome varia a depender da região em que são encontrados) —, mas nunca tinha parado para observar sua harmonia inspirada.

O tangará é um pássaro pequeno, marrom, com um bico vermelho brilhante. Era conhecido como o pássaro de orquestra porque um deles, um maestro autodesignado, tomava seu lugar em um galho, sozinho. Em um galho em frente a ele, duas ou três dúzias de outros tangarás se alinhavam. O maestro batia as asas para chamar a atenção. Ele pulava para cima e para baixo, e então, a algum sinal mudo, o coro de tangarás irrompia em canto, mantendo o tempo absoluto ao ritmo das batidas do maestro.

Passei horas observando no campo os milagres da natureza. As plantas jovens de milho balançavam suas folhas fazendo calistenia. As plantas de feijão floresciam em bordados semelhantes a organdi. As árvores perto do campo balançavam ao vento como se embalassem a terra e a soltassem com seus dedos de raiz, como uma canção de ninar para as plantas. Uma nuvem ameaçadora tropeçou em outra e derramou um aguaceiro nos rostos erguidos de nossas plantas em crescimento. Um arco-íris apareceu brevemente e se retirou com rapidez e modéstia. Um veado saltitou entre as flores de feijão, beliscando um bocado delas aqui e ali.

Da nossa porta, víamos uma abundância como a terra prometida jamais havia contemplado. Tudo foi plantado junto entre os tocos: mandioca, milho, arroz (plantado em manchas sem arrozais), tabaco, feijão, abacaxi, algodão arbóreo e herbáceo, batata-doce e branca e, abaixo deles, buracos de vinte centímetros de profundidade onde sementes de café germinavam.

Nem um arado, nem um grão de fertilizante. A terra era tão fértil que a expressão dos sertanejos era: "Plante uma semente e saia do caminho rapidamente".

Adquirimos algumas raízes de bananas e as plantamos como cerca viva ao redor da nossa clareira, dentro da demarcação de mamonas. Chinkie e Rainha tinham dado suas cotas de filhotes no prazo, embora sem aumento no número, apesar do chá de catuaba. Paguei meus vários negócios em trocas que envolviam filhotes.

Estava impaciente para o tempo de as espigas de milho se formarem para ver se conseguia descobrir os macacos espiões em ação. Tínhamos ouvido falar tantas vezes dos hábitos dos macacos em um milharal que eu queria ver por mim mesma. Como nos disseram, sempre há um macaco sentinela enviado ao campo de milho. Seu trabalho é observar qualquer intruso da espécie humana e dar o alarme para a equipe de macacos ladrões que arranca as espigas de milho verdes. Eles arrancavam uma espiga, descascavam um pedaço da casca verde e a amarravam a outra espiga, fazendo uma corrente de espigas de milho que eles carregavam no pescoço de volta para onde quer que os macacos acampassem. Se, por acaso, os macacos trabalhadores-ladrões fossem surpreendidos por uma pessoa em sua colheita furtiva, o macaco espião levava a pior depois. Os macacos pegos davam uma boa surra e mordidas no macaco espião descuidado.

Não havia em mim dúvida sobre a veracidade do conto, especialmente porque vi outros exemplos estranhos de inteligência entre os animais. No rincão distante, existem manadas de gado selvagem conhecidos como curraleiros. Esse gado difere do gado Brahma, com sua corcova, criado no Brasil para carne, por ser pequeno, sem corcova e evidentemente uma degeneração do gado europeu trazido para o Brasil pelos holandeses e abandonado quando estes foram expulsos daqui. A endogamia e os deslocamentos desacompanhados desenvolveram a raça do curraleiro.

Onças-pintadas eram predadoras de bezerros e vacas, e embora normalmente o touro, sempre ciumento e zeloso, lutasse contra os demais que tentassem se meter com suas fêmeas, quando uma onça-pintada estava por perto, os touros reuniam todo o gado em um grande círculo e, então, marchavam ao redor em um círculo externo, se defendendo e em paz uns com os outros. Quando as onças passavam, cada touro separava suas vacas e era o fim de todas as relações amigáveis.

As coisas estavam melhorando para nós. Mesmo que a maioria de nossas aquisições fosse obtida por trocas oportunas, eu sentia que tínhamos sorte. Uma das minhas posses mais estimadas era uma pistola de antecarga que troquei com um vaqueiro por taxas de reprodução do Tambor, mais dois filhotes. Não era nada demais, mas era minha, e eu só a carregava para me sentir vestida adequadamente. Sua mira era ruim e a minha, pior, mas eu tinha a desculpa de errar tantos tiros porque a antecarga estava um pouco desalinhada em relação ao cano.

Eu amava minha pistola de antecarga, mas infelizmente ela não está mais comigo. Perdi-a justamente em uma aposta com o sr. Charles Duell, meu editor. Referi-me à pistola de antecarga como um *"revólver* de antecarga". Ele apostou comigo que revólver de antecarga não existia! Eu insisti que existia, pois possuía um. Ele me advertiu para não apostar, pois não queria tirar vantagem injusta de mim. Eu contra-ataquei e apostei a pistola de antecarga. Claro, eu deveria saber que um revólver indica a existência de um tambor giratório para balas. Como é que eu saberia disso se a palavra que os sertanejos usavam para descrever minha arma em português era "revólver"?

De um mascate que carregava sua mochila nas costas e passava pelo acampamento oferecendo suas mercadorias, comprei material para fazer camisa e calça para meu marido e dois vestidos de chita para mim. Eu tinha dinheiro! Havia tantas famílias migrando para o oeste que montei um pequeno pasto e um curral de postes e trilhos, e cobrava a pastagem. O equivalente a cinco centavos por noite para um cavalo ou boi e doze centavos para uma égua. Éguas causam mais danos a um pasto do que qualquer outro animal, exceto cabras.

Como atividade secundária, o pasto e o curral eram uma boa fonte de dinheiro miúdo. Às vezes, os migrantes não tinham dinheiro e, com um olhar experiente, eu avaliava seus pertences e aceitava algo em troca. Quando conseguisse economizar dinheiro de pastagem suficiente, minha intenção era comprar uma cama e um colchão. Tínhamos construído camas em nossa casa de galhos em estacas bifurcadas cravadas no chão de argila e cobertas com grama. Eram um alívio em relação à rede, pois, pelo menos, nossas costas não estavam mais se curvando como fúrculas. Sim, a prosperidade estava me deixando mole! Eu queria uma *cama*. Nada extravagante como um colchão de molas. Apenas uma caminha e um colchão de palha ou crina de cavalo.

Uma roca ficava no canto da nossa sala de jantar. E lá permanecia. Quando eu tentava fiar para impressionar meu marido e as fibras se emaranhavam em nós em vez de se esticarem em fio, eu perdia a paciência e empurrava a maldita roca ainda mais para o canto.

No nosso quarto de dormir, mantínhamos nosso estoque de medicamentos. Esses medicamentos nunca vendíamos, mas dávamos a quem precisasse. Seria difícil catalogar nosso estoque de "cura-tudos" conforme os padrões de uma farmácia, mas, mesmo assim, nossos remédios proporcionavam alívio para uma ampla variedade de problemas entre os migrantes. Meu marido e eu não apenas ficamos chocados, mas céticos quando aprendemos pela primeira vez sobre os usos de ervas e raízes no rincão.

Em primeiro lugar de importância estava um jarro de cerâmica cheio de todas as teias de aranha empoeiradas que eu conseguia coletar. Quando colocadas sobre cortes, elas paravam o sangramento. Se o sangue fosse do tipo jorrante, colocávamos borra de café seca coberta com teias de aranha. A poeira das teias nunca causava infecção.

Quebra-pedras, uma planta selvagem com folhas pequenas semelhantes às da acácia, é lendária como cura para cálculos biliares e faz exatamente isso — quebra pedras.

Excrementos de galinha secos dissolvidos em água eram um tratamento eficaz para desmaios.

Chá de vagem de baunilha era usado para dores de estômago, sementes de abóbora para vermes, compressas de farinha de mandioca para bronquite e chá de folhas de abacate e limão para incômodos hepáticos.

Para doenças de pele como eczema e micose, raspávamos o suco da pele das maçãs de algodão e aplicávamos diretamente nas áreas infectadas.

Para purificar o sangue, mantínhamos grinaldas de raízes secas de amaro-leite, que os sertanejos dão às crianças na primavera da mesma forma que costumávamos tomar xarope de enxofre e melaço "para uma boa limpeza do sangue".

Chá de casca de quinino, chá de folha de laranjeira e chá de semente de endro eram nossos recursos para combater febres.

Caules de arnica selvagem eram distribuídos para esfregar em contusões. Sementes de jurubeba e seda de milho seco serviam para limpar rins lentos. Raízes de cânfora da pradaria embebidas em uma infusão forte eram um remédio eficaz para combater resfriados comuns e gripe.

Tínhamos uma variedade de folhas secas penduradas em cachos, conhecidas por nós como o departamento de aspirina. Não sabemos exatamente os nomes científicos de todas as folhas, pois cada pessoa de uma região diferente no Brasil dava um nome local para elas. Seu único propósito era curar dores de cabeça. Uma pessoa com dor de cabeça amarrava uma coroa de folhas na parte da cabeça onde doía e, em cerca de meia hora, jurava que a dor tinha desaparecido.

Folhas contendo drogas que nós não sabemos quais são também serviam de antissépticos. A única certeza que temos é a de que funcionam contra infecções.

No departamento de laxantes e purgantes, tínhamos muitas variedades para escolher. Um tipo comum de rosa branca em cacho era o purgante mais forte quando transformado em uma poção por infusão. Seis nozes da árvore de pinhão, cortadas ou picadas, eram um poderoso laxante. Claro, o óleo de rícino caseiro era imprescindível.

As flores do arbusto de sabugueiro, semelhantes às do nosso sabugueiro americano, eram nosso recurso para usar como um bom "produtor de suor" para interromper uma febre.

Voltando às folhas de rosa, a melhor de todas elas é a trepadeira vermelha Augusto Christo.[7] Uma poção dessas rosas vermelhas era, e ainda é, um medicamento comum para diminuir hemorragias ovarianas. A poção é bebida e aplicada externamente, no abdômen.

Em nossos suprimentos para partos, mantínhamos uma lata de banha de porca para preparar refeições para a mãe após o parto, já que nada de animal macho pode ser consumido durante quarenta dias após o nascimento. Brotos de alho e chá de casca de canela tinham que ser administrados ao bebê quando tivesse três dias de idade. O motivo nós não sabemos. Felizmente, as dezenas e dezenas de bebês que ajudamos a nascer nunca tiveram complicações por causa de tais ministrações.

O "remédio" mais importante em casos de parto era algo que não podíamos embalar nem manter em uma prateleira. Era a cerimônia de enterrar a placenta embaixo da cama, se houvesse, ou sob o couro de vaca ou embaixo da rede da mãe. Eu sentia muito nojo, mas aprendi amargamente a não ir contra as crenças tradicionais das comunidades. Trava-se de suposta garantia

---

7   Taxonomia não identificada. (N.E.)

contra febre puerperal! Tivemos a sorte de nunca ter tido um caso de febre puerperal em nenhuma mãe que ajudamos a dar à luz, mesmo através das circunstâncias sob as quais alguns dos bebês nasceram e em uma sujeira indescritível que teria feito Pasteur desistir, sendo um ímã natural para infecção.

CAPÍTULO X

190

NOSSA PROSPERIDADE FOI BREVE. NAS SEMA-NAS SEGUINTES, UMA SÉRIE DE EVENTOS NOS DEIXOU CONFUSOS SOBRE O TEMPO E O LUGAR EM QUE ESTÁVAMOS.

Diony, o proprietário do entreposto, veio ao acampamento e perguntou onde poderia encontrar o capitão. Disse que precisava falar com ele sobre negócios muito urgentes e sérios. Ele estava tão perturbado que se recusou a esperar em nossa casa, mesmo para tomar uma xícara de café, e seguiu em seu Ford Modelo A até o final da estrada onde estava meu marido.

Algumas horas depois, retornou à nossa casa com o capitão. O rosto do meu marido estava pálido e contraído.

"O que aconteceu?", perguntei a Diony.

Meu marido começou a falar, mas Diony o interrompeu. "Não é necessário contar a ela e deixá-la infeliz."

"Se há problema, tenho o direito de saber", insisti.

Meu marido se virou para mim. "Joan, o cheque que descontamos de mil e duzentos dólares no entreposto do Diony voltou marcado como 'SEM FUNDOS'!"

Agora estávamos em apuros. Usamos o dinheiro na estrada. Éramos estrangeiros em um rincão. Havíamos descontado um cheque sem fundos. Fomos os ídolos da fronteira e com essas duas palavras, "sem fundos", nos tornamos trapaceiros comuns.

Devia haver alguma explicação. Devia haver algum engano. Diony nos mostrou em silêncio o cheque devolvido.

Não consigo me lembrar claramente dos eventos daquela hora, exceto que eu queria morrer!

Diony não foi desagradável sobre o cheque devolvido, mas era um homem que não podia se dar ao luxo de perder mil e duzentos dólares. Ele não nos acusou de fraude, mas colocou a culpa corretamente na pessoa sem escrúpulos em São Paulo, que não era brasileira e que nos deu um cheque sem fundos em troca de nosso trabalho.

Em meio ao meu torpor atordoado, ouvi meu marido dizer a Diony: "Diony, aqui estão duas notas de cem dólares". Ele as tirou de sua bota. "Aceite estas como entrada dos mil e duzentos. Não sei como vou fazer esse cheque valer, mas eu te dou a minha palavra de que você será reembolsado."

Diony, com um gesto compreensivo, recusou as notas oferecidas. "Eu sei, capitão, que você vai resolver o problema do cheque. Era meu dever vir até você primeiro e informá-lo do que aconteceu."

Estávamos arruinados. Meu marido dispensou todos os trabalhadores e explicou que não podíamos continuar mais um dia na estrada contraindo dívidas. Uma tristeza se abateu sobre a estrada. Até as famílias migrantes estavam mais contidas e confusas, mas não alteraram sua bondade para conosco.

Eu os invejava por sua confiança expressa e não expressa de que havia uma resposta, um caminho para terminar a estrada.

Nenhum de nós dormiu naquela noite. Às vezes conversávamos e, em outros intervalos, ficávamos acordados, cada um tentando pensar no próximo passo. Foi meu marido que resolveu pouco antes do amanhecer: "Amor, há apenas uma coisa a fazer. Voltar para o mar".

"Mas e as nossas terras? Nossa estrada? Nossa atividade pioneira?"

"Vou ter que voltar para o mar. Vou economizar meu salário até pagarmos Diony e qualquer outra pessoa a quem devemos." Dizendo isso, ele se levantou e sumiu na floresta. Não o segui. Senti que ele preferia ficar sozinho na morte de nossa valente estrada.

Fazendo um inventário de tudo o que possuíamos em nossa casa, percebi que os ativos conversíveis em dinheiro eram tão poucos que sequer poderiam ser considerados. No terreno, nossas plantações estavam quase prontas para a colheita. Mesmo plantadas entre os tocos e sem uso de fertilizantes ou cultivo, aquela safra representava uma quantia considerável.

Eu devia a produção de filhotes pelos próximos seis meses por novas trocas que havia feito. O que é que nos preocupava? Procurei meu marido. Tive uma ideia.

"Não se preocupe, querido", eu o consolei. "Venderemos parte de nossas terras e pagaremos a todos."

O capitão estendeu a mão e segurou a minha. "Sua engraçadinha e pouco prática sonhadora. Que terras nós temos para vender?"

"Bem, as nossas terras. Os cinquenta mil hectares que nos prometeram."

"Será que você é boba o suficiente para continuar acreditando que um homem que não cumpriu sua palavra conosco e enviou um cheque sem fundos nos dará as terras acordadas em troca da estrada?", ele perguntou.

"Eu não tinha pensado nisso. Ele não ousaria não nos dar. Ele colocou isso no papel." Eu me agarrei a um fio de esperança.

"Joan, vamos ter que encarar isso. Sonhar não vai resolver nada. Terei que voltar para o mar. Você fica aqui e cuida da nossa clareira. Se ambos sairmos de Goiás, nossos credores podem pensar que estamos fugindo das dívidas."

"Você quer dizer me deixar aqui como que *penhorada*?"

"Não vejo outra maneira."

Quando ouvi um caminhão ao longe, não tive a sensação de deleite que tal som me trazia antes. Agora, tinha medo de que alguém novo viesse por nossa estrada. Em vez de ficar na estrada e acenar para os veículos pararem, tomarem café e me contarem sobre seu destino, eu me esconderia em casa e não apareceria a menos que fosse chamada.

O caminhão parou com um rangido dos freios. Dele saltou um homem medindo cerca de um metro e oitenta de altura, queimado pelo sol, robusto e emanando uma energia semelhante a choques elétricos.

"Ô de casa!", sua voz chamou.

"Ô você aí fora", eu respondi. Esse cumprimento é comum no sertão.

"Desmonte", acrescentei. Essa era a expressão para entrar, estivesse o visitante a pé, a cavalo ou de carro.

"Estou procurando o capitão Bowen", disse ele. "Meu nome é Sayão!"

Meu marido veio e apertou a mão dele. "Sou o capitão Bowen", falou. "Por favor, sente-se."

"Sou Sayão. Bernardo Sayão Carvalho de Araújo, senhor, às suas ordens."

"Joan, traga um pouco de café para o nosso amigo."

Notei Sayão olhando para mim com um interesse descarado. Ele riu amavelmente e disse: "Espere até eu contar à minha esposa sobre dona Joana. Ouvimos falar de um casal americano construindo uma estrada até as florestas de São Patrício e as histórias sobre você se tornaram lendas."

"O que há de engraçado em mim?", perguntei arrepiada.

"Não, dona Joana. Estou encantado. Minha esposa ficará encantada. Pelos contos que ouvimos sobre sua coragem, imaginamos que você fosse uma amazona e aqui eu a encontro, uma senhora adorável", disse Sayão.

Eu me envaideci de satisfação.

Sayão se virou para o meu marido. "Permita que eu me apresente, senhor. Fui nomeado pelo Presidente do Brasil, dr. Getúlio Vargas, para construir uma grande colônia agrícola a oeste do rio das Almas."

"A oeste?", meu marido repetiu. "Estamos — não, devo dizer *estávamos* — indo para as florestas a leste do rio das Almas."

Sayão continuou: "A 'Marcha para o Oeste' foi decretada pelo governo federal. Fui enviado para abrir estradas e fundar um projeto de colonização. Terras livres em lotes de aproximadamente trinta e nove hectares de terras florestais serão dadas gratuitamente a qualquer família de qualquer nacionalidade que não seja proprietária de terras privadas".

Toda a situação econômica do Brasil estava mudando com aquelas palavras históricas relatadas por Sayão em nosso acampamento.

"A população flutuante de arrendatários se tornará proprietária de terras. Vamos construir estradas, erguer escolas e hospitais e ajudar o agricultor na parte técnica."

As palavras me pareciam surreais. Uma marcha em massa para o Oeste para as mesmas terras férteis, exceto por um rio com noventa metros de largura que as dividia, para onde estávamos indo.

"Os levantamentos aéreos mostram que vamos poder usar vários trechos da estrada que você construiu, capitão Bowen", explicou Sayão.

Mal sabíamos que éramos, então, anfitriões de um homem que passaria para a história como o construtor do império da região central do Brasil. Nem sabíamos que aquela personalidade semelhante a Paul Bunyan que nos procurava iria abrir o interior para o transporte por estrada e rio, criando, no Brasil, algo que serviu ao país da mesma forma que St. Louis serviu à marcha para o nosso próprio Oeste nos Estados Unidos. Quando Sayão, o construtor do império, terminou, o misterioso rio Tocantins, cujos afluentes distantes nascem no famoso Rio da Dúvida de Teddy Roosevelt, seria navegado como o nosso Mississippi. Mal sabíamos que, sobre partes de nossa estrada caseira, escavada e moldada com picaretas, enxadas e facões, um dia se moveriam frotas de maquinaria rodoviária americana: tratores, escavadeiras e niveladoras que fariam de Goiás o celeiro do Brasil — tão importante que, na nova constituição do Brasil, uma lei foi aprovada para transferir a capital federal da República para o planalto de Goiás.

Sobre essas estradas construídas por Sayão, milhares de fazendeiros e trabalhadores viajaram; Geremia Lunardelli, o rei do café, com onze milhões de cafeeiros no sul do Brasil, encontrou nas florestas de São Patrício a terra vermelha rica para plantar mais milhões de cafeeiros.

A mais importante empresa de algodão americana no Brasil, a Anderson, Clayton & Company, do Texas, instalou uma refinaria de petróleo e uma fábrica de algodão em Anápolis, o ponto final da ferrovia. Cem mil famílias por ano, de todo o Brasil, e muitos estrangeiros — americanos, britânicos, franceses, alemães — migraram, estabeleceram-se e enriqueceram nas terras por onde passava nossa insignificante estrada. Todas essas eram coisas que não podíamos prever.

As revistas *Time* e *Life* tentaram descrever Sayão, mas, como eu, falharam em suas tentativas de retratar a grandeza simples e a potência do homem. Testemunhamos o desenvolvimento de um novo mundo agrícola enquanto Sayão, contra incontáveis obstáculos, penetrou cada vez mais na Marcha para o Oeste!

A história do que levou Sayão a estar em nosso acampamento naquele dia foi contada muitas vezes. O presidente Vargas, em 1940, estava em uma viagem de avião sobre o pouco conhecido território do Xingu, terra dos índios Chavante. Fascinado, ele olhou para as florestas intermináveis e impenetráveis abaixo dele — horas de voo e nenhum sinal de habitação. Ele perguntou ao dr. Pedro Ludovico, então governador do estado de Goiás, que o acompanhava no voo, que tipo de solo estava sob a cobertura das gigantescas florestas. Quando Vargas foi informado de que era terra roxa, ele concebeu a ideia da Marcha para o Oeste.

Ele disse, na verdade, que resolver os problemas no Brasil de alimentar os milhões nas cidades costeiras e descentralizar a indústria para estar perto das matérias-primas na fonte de produção faria muito para equilibrar a economia do país.

"Vamos criar uma Marcha para o Oeste", disse o presidente Vargas. Para realizar um programa tão gigantesco, ele nomeou o único engenheiro e agrônomo cujo amor pelo desbravamento e cujo patriotismo inato o levariam a sacrificar um cargo confortável para derrubar obstáculos para uma nova fronteira — Bernardo Sayão Carvalho de Araújo.

Ouvimos fascinados enquanto Sayão nos contava seus planos de colonização.

"Dona Joana, você me permitiria pegar seu marido emprestado por alguns dias?", ele me perguntou sorrindo.

"Hã?"

"Capitão Bowen, talvez você possa me ajudar sugerindo uma direção para a estrada chegar às terras de madeira nobre a oeste do rio das Almas."

Naturalmente, meu marido concordou e, na euforia de ouvir sobre a Marcha para o Oeste, nossa imediata desesperança sobre nossa situação pessoal foi relegada a segundo plano.

Por vários dias, meu marido viajou de caminhão para cima e para baixo em nossa estrada, parando para entrar na floresta e estudar a topografia da terra com Sayão. Durante uma de suas viagens juntos, meu marido contou a Sayão sobre a situação em que estávamos por causa de um cheque sem fundos. Ele desabafou a história de nossa derrota na véspera do sucesso.

Não sei que tipo de conversa eles tiveram. Só sei que o capitão não mencionou novamente voltar para o mar. Meu marido tinha dito a Sayão sobre os mais de meio milhão de acres de boas terras por onde nossa estrada passaria. Mais tarde, soube que ele tinha instado meu marido a não desistir; que, com a vasta colônia agrícola fazendo fronteira com aquela região, os valores das terras aumentariam tanto que meu marido poderia pagar tudo e se tornar rico com o negócio.

Um dia, Sayão dirigiu até o acampamento e pediu ao capitão que fosse até a cidade de Anápolis, onde um pequeno avião estava esperando para levá-lo em um sobrevoo pelas florestas de São Patrício. No avião, o capitão mostrou a Sayão os limites do grande lote de terra que era o fim do nosso arco-íris.

★

Sozinha no acampamento, exceto por um fluxo constante de colonos passando dia e noite, mais uma vez eu me emocionei com a orquestra dos pássaros tangará e até mesmo consegui distinguir novamente o canto dos rouxinóis por entre os barulhos da noite.

Diony nos informou que aceitaria terra como pagamento pelo cheque e que não importava quanto tempo ele esperasse para receber suas terras. Prosperidade e esperança pairavam no ar. Estimulado pela personalidade e pelo propósito enérgico de Sayão, o otimismo bem fundamentado reinava.

O núcleo dos grupos de trabalho de Sayão era composto pelos nossos trabalhadores. Todos os nossos homens partiram para se juntar a ele, com exceção de Dionésio, o sem nariz. Ele alegou que o lugar estava ficando muito civilizado e que multidões o deixavam nervoso. O projeto federal pagava bons salários em dinheiro e, com uma boa vontade pela qual sempre seremos gratos, nossos trabalhadores credores nos asseguraram de que poderíamos pagá-los no futuro, quando tivéssemos meios de fazê-lo. Acima de tudo, o que queriam dizer era: "Não fiquem tristes. Sempre há um jeito!".

O milho estava pronto para comer. Fiz uma torta de abóbora. Folhas de tabaco estavam secando em postes em um barraco de palha que tínhamos feito para esse fim. Muito em breve, dentro de mais ou menos seis semanas, nossa safra estaria pronta para a colheita. Eu sentia um bem-estar tão profundo que, à noite, quando chegava a hora de abençoar e pedir para ser abençoada, eu sentia a sua verdade. Um dia, eu estava finalizando um lote de velas que havia feito de sebo, com um pouco de suco de limão adicionado para que não gotejassem e apenas um pouco de sal para evitar que os pavios soltassem fumaça, quando Dionésio entrou na cozinha sem pedir permissão.

"Dona Joana, a 'cobra seca' está chegando!", ele disse, ansioso.

Embora tivéssemos visto ocasionalmente algumas cobras em nossos anos na fronteira, elas não eram numerosas o suficiente para nos preocupar. Agora, a chegada de uma cobra *seca* era algo novo a ser adicionado ao meu vocabulário.

"De onde ela está chegando e para onde vai?", perguntei, intrigada com a importância que Dionésio dava ao fato.

"*Ele* está amarrando seu cavalo no curral", respondeu. "Eu vou embora agora, dona Joana. Sempre que precisar dos serviços de Dionésio, estarei às suas ordens. Eu devo a você a vida do meu filho." Ele apertou minha mão e, literalmente, saiu correndo da cozinha.

Foi a última vez que vimos Dionésio. Com o progresso, e a lei e a ordem, ele foi morto por uma quadrilha alguns anos depois. De Acidino, meu assassino remanescente, mais tarde recebi uma biografia apressada da "cobra seca", que não se tratava da espécie de réptil, mas de um advogado esperto cuja carreira não tinha sido a busca honrosa da justiça e da lei, mas a apropriação indébita. Foi ele quem pegou Dionésio quando era jovem e o treinou para matar profissionalmente, para assassinar e depois incendiar as cabanas dos colonos e roubar registros dos arquivos da cidade e substituir os registros com o próprio nome, tornando-se proprietário de terras valiosas. No entanto, eu não sabia do passado do advogado quando o convidei para entrar em nossa casa e ofereci café.

"Cobra Seca" era um sujeito pequeno com olhos inquietos e uma voz dramaticamente suave. Ele se apresentou como sr. Tal e Tal; profissão: advogado. Sem nenhum estímulo da minha parte, ele mergulhou em um discurso sobre o quão honesto e respeitável ele era, em termos floridos e exagerados que me fizeram pensar que o sangue de um poeta e de um político corria em suas veias.

Eu continuei fazendo minhas velas, enquanto ele falava sem parar. Só quando o ouvi fazer uma pergunta diretamente para mim é que comecei a ter dúvidas.

"E onde dona Joana e o capitão Bowen vão viver quando se mudarem daqui?"

"Mudar?"

"Sim, é uma pena. Vocês trabalharam tanto." Ele fez um gesto com a mão para a clareira.

"Não vamos a lugar nenhum. Esta é nossa casa", eu disse, impaciente.

Ele fez um som com os dentes, um som de condescendência, antes de dizer: "Mas, sim, vocês *vão* se mudar.

É por isso que estou aqui. Sinto muito por vocês. Como eu disse, vocês trabalharam tão duro. É uma pena."

"Repito que não vamos nos mudar", declarei firmemente. "E agora, se me der licença, senhor, tenho tarefas para fazer."

"Quinze dias serão suficientes para vocês fazerem as malas e saírem?" O peso dessas palavras me atingiu como chumbo grosso.

"Sair?"

"Sim, sair. Vocês estão invadindo", disse com naturalidade.

"Você cometeu um erro, senhor", eu rosnei. "Nós construímos esta casa e fizemos esta clareira dentro dos limites de um lote de terras onde seremos proprietários de mais de quarenta mil hectares."

"Esta terra foi vendida!" Juro que ele sentiu prazer em dizer isso para me atingir.

"Para quem?"

"Para uma grande corporação no Rio de Janeiro. Eles sabem o quão valiosa esta terra vai ser por causa da colônia agrícola sendo desenvolvida pelo governo federal e compraram todos os duzentos mil hectares."

"E nós? E nossa terra que nos foi prometida?"

"Receio que os novos proprietários não tenham obrigação de reconhecer qualquer entendimento prévio que vocês possam ou não ter tido com os ex-proprietários", ele concluiu.

Pela primeira vez em minha vida, e espero que pela última, minha raiva foi tanta que eu quis contratar os serviços de um assassino e acabar de uma vez por todas com aquele deturpador da lei.

"Estou disposto", ele prosseguiu, ignorando minha fúria, "a acertar com vocês por aquelas *poucas pequenas* melhorias que fizeram aqui." Seu tom de voz insinuava que ele nos compensaria pela brincadeira de construir um castelo de cartas.

Toda a fúria, o medo e as esperanças frustradas em mim se voltaram contra ele. A mixaria que ele oferecia como preço para abandonarmos nosso lote era um insulto. Eu disse a ele que nunca sairia dali — que ele teria que me arrastar para fora da terra à força; pelo que eu via, duvidava muito de sua capacidade de fazer isso pessoalmente.

"Você tem que cair antes de poder se levantar." O código da fronteira. Chega um momento, e aquele era o momento, em que minha capacidade de me levantar estava tão morta quanto uma bola de tênis rachada.

"Saia desta propriedade", gritei para ele. "Se acha que pode nos expulsar, está enganado."

"Mesmo se vocês tivessem o título de propriedade da terra, não teriam capital para desenvolvê-la. Não acha que seria sábio aceitar minha oferta muito generosa e sair pacificamente?" Enquanto eu gritava, ele baixou a voz, ainda com condescendência.

Involuntariamente, uma bravata escapou pela minha garganta. "Eu lhe digo e você pode se lembrar disso pelo resto da sua vida, no dia que você estiver mendigando nas esquinas ou vendendo maçãs ou o que quer que seja que mendigos vendem no Brasil, eu serei a rainha da fazenda de café mais bonita e rica do estado."

Ele recuou pela porta da cozinha, foi até o curral, montou em seu cavalo e partiu de volta para Jaraguá.

Tínhamos inteligência suficiente para saber que qualquer rincão próspero atrai todo tipo de pessoa, desde os corajosos até os impiedosos, e, exceto por uma dor de cabeça terrível por ter perdido a calma, não dei muita importância ao meu encontro com o tão apropriadamente apelidado "Cobra Seca".

Dias se passaram. Nosso acampamento passou a ser evitado por transeuntes. Uma praga se espalhou entre as galinhas. Nossos porcos morreram. Nossas vacas foram levadas. Nem uma alma viva queria trabalhar para nós.

Somente muitos meses depois, descobrimos os truques do pequeno traste. Ele espalhou, à boca miúda, o boato de que nosso acampamento estava sob mau-olhado — que qualquer um que trabalhasse para nós teria um fim ruim, a morte dos nossos animais não era prova disso? (ele não mencionou que pagou aos seus capangas para envená-los).

Isolados, só meu marido e eu continuamos na nossa clareira. Houve momentos em que quase acreditei no feitiço maligno que alegadamente tinha nos atingido. Eu fui ficando sem ânimo e fraca. Picadas de insetos inflamavam onde antes não me incomodavam. O cão Tambor fora morto por um caminhão. Rainha tinha desaparecido. Tivemos uma ninhada de filhotes novinhos em folha de Chinkie, nove no total.

Diariamente, minha saúde piorava. Eu não tinha nenhuma doença identificável para justificar essa lenta deterioração. Eu passava horas deitada com o rosto virado para a parede, ardendo em febre, mas sem delírio.

O capitão insistiu para que eu o deixasse me levar para Anápolis para um hospital missionário. Eu me recusei a ir. Sabia que, se abandonássemos o acampamento, ele seria tomado de nós.

Meu corpo ficou coberto de dezenas de úlceras inflamadas, o que foi decisivo para que meu marido me levasse até a cidade, quer eu concordasse ou não. Ele empacotou algumas coisas necessárias em um saco, fez uma caixa rudimentar para os filhotes e ficou esperando à beira da estrada para fazer sinal a um caminhão indo para o sul para mais uma carga de migrantes. Eu não sabia, na ocasião, que nunca mais veria aquela casa e que não colheríamos um único alqueire da nossa plantação. Fomos proibidos de retornar pelo advogado, que alegou representar os novos proprietários, sob pena de invasão. Adeus, estrada! E casa! E clareira!

CAPÍTULO XI

204

PENSANDO AGORA, TALVEZ MINHA DOENÇA TENHA SIDO UM GOLPE DE SORTE, POIS SUBLIMOU TODO O DESGOSTO E O DESÂNIMO DO MEU MARIDO. ELE ESTAVA TÃO PREOCUPADO COMIGO QUE, graças a Deus, não percebeu a gravidade da nossa situação: tínhamos sido desapropriados.

Enquanto o caminhão viajava para o sul, em direção a Anápolis, vimos muitas cruzes grosseiras de três a quatro metros e meio de altura ao longo da estrada. Elas não marcavam locais de sepultamento, apenas o local da morte. Quanto havia custado a estrada e a migração? Senti-me grata por nenhuma cruz marcar nossa morte, pois havíamos enfrentado os mesmos riscos de fome e exposição daqueles cujo fim era silenciosamente marcado por enormes cruzes.

Em Anápolis, fomos acolhidos por alguns missionários evangélicos que mantinham um hospital. Meu marido deixou claro para o médico proprietário do hospital que, se ele me aceitasse como paciente, seria com o entendimento de que não podíamos pagar naquele momento.

Sob os cuidados atentos e a enfermagem dos missionários, em duas semanas eu estava bem, as úlceras cicatrizaram e meu ânimo estava melhorando novamente.

Evitávamos pensar sobre qual seria nosso próximo passo. Não tínhamos terra, casa, dinheiro e estávamos endividados. Nossos bens tangíveis eram nove filhotes.

Ao sair do hospital, a esposa do médico me perguntou onde planejávamos morar. Respondi vagamente, dizendo algo sobre achar que poderíamos encontrar uma árvore sob a qual acampar. Após uma conferência com seu marido, ela nos ofereceu uma casa de empregados em sua fazenda de fim de semana, sem ter de pagar aluguel. Era uma pequena casa de tijolos com piso de terra, bem ao lado da estrada entre Anápolis e a recém-nascida capital do estado, Goiânia.

Não só tínhamos o problema de nos alimentar, mas nossos "bens" representados pelos filhotes tinham um apetite insaciável. Logo descobri que, nos moinhos de limpeza de arroz perto da estação ferroviária, os proprietários permitiam que pessoas pobres varressem a palha e os pedaços quebrados de arroz. Juntei-me a eles, indo aos moinhos de arroz e coletando palha e arroz quebrado para alimentar os filhotes.

Assim, mantivemos os filhotes vivos, embora magros e pouco atraentes para os compradores que esperávamos que aparecessem do nada e nos aliviassem da pressão de alimentá-los.

Enquanto isso, oferecemos ao médico nossos serviços na fazenda, sem salário, em troca do aluguel da casa e para pagar a conta do hospital. Ele aceitou e trabalhamos diariamente com uma enxada nos jardins, alimentando e criando seus porcos, supervisionando os peões que cuidavam do rebanho leiteiro. Às vezes, eu dirigia uma mula e uma carroça até a cidade, até o hospital, e recolhia o lixo das cozinhas do hospital para alimentar os porcos.

Os móveis de nossa nova moradia consistiam em caixas no lugar de cadeiras, uma mesa grosseira feita do caixote para os cachorros e duas camas duras. Abandonamos a ideia de deixar Goiás para procurar emprego lucrativo em outro lugar, pois, se desistíssemos da ideia de abrir uma fronteira e colonizar em função de uma vida mais fácil com emprego estável, tudo pelo qual lutamos nesses três anos teria sido perdido. Algo em nosso moral seria quebrado. Essa é a única justificativa que posso dar para nossa recusa teimosa a deixar Anápolis e procurar empregos assalariados. Sinceramente, até hoje não sei como aguentamos. Não sei se era a filosofia profundamente enraizada dos homens e mulheres desbravadores que moldaram nosso pensamento ao seu modo — que, se você busca, há uma resposta — ou não. Basta dizer que não desistimos.

Um dia, desanimada por não haver compradores para os filhotes batendo à nossa porta para adquirir nossos bens, pintei em um pedaço de papelão um anúncio em português dizendo: *À venda: filhotes de foxhound americano de raça pura. Barato*, e o preguei em um poste perto da estrada. Com certeza, pensei, com o tráfego intenso na estrada rumo à capital do estado, algum comprador em potencial ficaria tentado com o anúncio.

A riqueza per capita no estado é alta e eu sabia que não apenas os ricos pecuaristas, mas também os prósperos agricultores e os caçadores profissionais de animais selvagens comprariam os filhotes se soubessem que nós os tínhamos.

O caçador mais famoso do estado era um homem chamado Quinca Borges.

Eu tinha ouvido dizer que ele era tremendamente rico e havia gastado uma fortuna em cães de caça, até importando cães diretamente dos Estados Unidos. Eu escrevi uma carta para ele. Ele morava a cerca de trezentos e vinte quilômetros de Anápolis. Mas, claro, como meu marido havia me dito, não recebi resposta sua.

Estávamos chegando ao ponto em que era mais viável doar os filhotes quando um caminhão parou à porta uma tarde e um homem maltrapilho, bronzeado e vestido de cáqui desceu. Ele disse que queria ver os filhotes anunciados no cartaz.

"Qual é o seu nome?", perguntei esperançosamente.

"José", ele respondeu.

"José o quê?"

"José Martin."

"Onde você trabalha?", perguntei. Ele tinha a mesma aparência que tantos vaqueiros que conduziam grandes rebanhos de gado de Goiás para os frigoríficos no estado de São Paulo.

"Não muito longe de Goiânia", respondeu.

Ele examinou a ninhada de filhotes e tivemos que admitir que estavam bastante magros e infestados de pulgas. Ele perguntou o preço. Desesperada para me livrar deles, disse um preço equivalente a dez dólares cada um. Ele pegou cada filhote, examinou, olhou para Chinkie e Rebel e fez uma oferta.

"Eu os compro por doze dólares cada, se você vender a mãe e o pai por cinquenta dólares cada."

Em minha mente, eu estava calculando. Nove vezes doze, cento e oito dólares, mais cem, duzentos e oito dólares. Uau! Disse a ele que estavam vendidos e esperei avidamente que ele entregasse o dinheiro.

"Preciso ir a Anápolis e, quando voltar, passarei por aqui, pagarei e levarei os cachorros."

Meu marido e eu ficamos muito aliviados e eu o lembrei novamente de que tudo daria certo. Não se tratava de papo de Poliana, de sentar e esperar as soluções chegarem. Era o jeito pioneiro de buscar e encontrar.

Naquela noite, o comprador parou em um caminhão, entrou em nossa casa e se sentou à mesa para nos fazer um cheque. Quando ele terminou de secar a tinta, entregou-o ao meu marido, dizendo: "Vou fazer outra oferta. Vocês ficam com os cachorros grandes, macho e fêmea, e eu pago para vocês criarem os filhotes para mim".

Olhamos para o cheque. Era de quinhentos dólares! E a assinatura no cheque não era de José Martin, peão, mas de Quinca Borges.

"Diga, sr. Borges, você já recebeu uma carta minha a respeito dos filhotes?", perguntei.

"Sim, dona Joana", ele respondeu.

"Por que você não me respondeu?" Eu estava desconfiada.

"Porque achei que, se você soubesse quem eu era, aumentaria o preço. Os filhotes valem mais do que você pediu e é por isso que estou pagando mais. Agora, aqui está a oferta. Vocês criam as novas ninhadas para mim. Eu pago pela comida deles e dou um salário para vocês. Vou pagar seu trabalho em dinheiro ou..." Ele fez uma pausa. "O que vocês achariam de ter um bezerro zebu de raça pura para começar a criar gado valioso?"

Nem eu nem meu marido queríamos dizer a ele que não tínhamos terra para criar gado, mas aceitamos sua oferta de um bezerro premiado em troca da entrega dos filhotes futuros.

Até hoje temos Quinca, o touro, um magnífico exemplar de Indubrasil. Ele foi avaliado em cinco mil dólares e sua prole é vendida desmamada por duzentos e cinquenta dólares cada. Quem diz que um cachorro não é o melhor amigo de uma mulher?

Sayão frequentemente vinha a Anápolis para buscar suprimentos e nunca deixava de nos visitar. Em uma dessas visitas, ele disse:

"Capitão Bowen, conversei com a corporação no Rio que comprou aquele trecho de terra e eles me disseram que, embora legalmente não tenham obrigação de lhes ceder terra em troca da estrada, moralmente estão dispostos a lhes dar dois mil e oitocentos hectares."

Quando meu marido fica profundamente emocionado, as palavras lhe somem. Ele agradeceu a Sayão discretamente. Eu desatei a chorar e rir. Nada havia me feito derramar lágrimas antes, apesar de tudo pelo que passamos, mas a bondade e a generosidade dos acionistas anônimos da empresa imobiliária no Rio, que nos dariam a terra, causaram um vazamento nos diques das minhas glândulas lacrimais.

Sayão continuou: "Tenho procuração para conceder a vocês o título de sete mil acres de terra que podem escolher em qualquer seção para além da estrada atual e dentro de uma fronteira".

Ele deixou conosco um mapa dos quase meio milhão de acres e disse que, em sua próxima viagem a Anápolis, viria saber da nossa decisão sobre onde queríamos nossa terra.

Estávamos diante de uma escolha séria. Conhecíamos a terra de um jeito que nem os donos conheciam, pois a tínhamos explorado e feito nossos próprios mapas rudimentares. Sabíamos onde a melhor terra estava, onde corriam os riachos que não secavam, onde a topografia da terra era plana e menos propensa à erosão.

Após horas estudando o mapa, meu marido circulou uma área que, de acordo com a escala do mapa, representava cerca de dois mil e oitocentos hectares.

"Acho que vamos escolher este pedaço", ele disse, apontando com o lápis para o círculo.

"Mas não é a boa terra, companheiro", protestei. "Esse pedaço é majoritariamente todo plano e tem apenas um pouco de boa floresta."

"Eu sei", ele disse.

"E então?"

"Joan, temos que ser justos. Não podemos nos aproveitar da generosidade da empresa do Rio e monopolizar o melhor para nós mesmos. Vamos pegar algumas das terras mais pobres e apenas um pouco de terra boa."

Eu concordei.

"Não vamos ter dinheiro para financiar o desmatamento da floresta de madeira nobre. Veja esses dois riachos que descem das planícies para o rio das Almas", ele disse, traçando os riachos no mapa com o lápis. "Eles formam um cercado natural para o gado porque são muito profundos e com margens íngremes demais para serem cruzados. Podemos criar gado e não precisaremos comprar arame farpado para cercar."

Eu havia chegado ao ponto em que terra, *qualquer* terra, seria um paraíso e concordei com tudo o que meu marido disse.

Na próxima visita de Sayão, ele nos pediu para mostrar onde tínhamos escolhido. E foi o que fizemos. Ele pegou o mapa e foi embora, dizendo que iria ao Rio buscar equipamentos para a estrada de colonização e, então, proporia nossa escolha à empresa.

Enxada e rastelo em mãos, trabalhávamos com entusiasmo na fazenda do missionário. Éramos proprietários de terra! Ou melhor, quase.

CAPÍTULO XII

212

UM MÊS DEPOIS, SAYÃO APARECEU EM NOSSA CASA NOVAMENTE. "RECEIO TER MÁS NOTÍCIAS PARA VOCÊ, CAPITÃO BOWEN", DISSE ELE SOLENEMENTE.

Um calafrio percorreu meu corpo.

"O que foi?", perguntou meu marido.

"Falei com a empresa sobre o pedaço de terra que você escolheu."

"Sim?", disse meu marido, como se soubesse o que estava por vir.

"Eles não concordarão com a sua posse daquela seção!" Sayão levantou a mão para silenciar um surto de raiva de meu marido. "Eles afirmam que, como você é a única pessoa que realmente conhece toda a terra no lote deles, deve ter escolhido a mais valiosa porque somente você conhece algo maravilhosamente valioso naquela área."

"Então eles não vão cumprir a palavra de nos dar a terra, Sayão?", murmurei.

"Ah, sim. Eles dizem que você pode escolher qualquer outro lugar no lote, mas não onde escolheu."

"Sayão", desabafei, "eles sabem que meu marido escolheu deliberadamente o pedaço mais pobre em gratidão por sua generosidade? Eles sabem que ele não tiraria vantagem do conhecimento que tem e eles não?"

"Eu disse isso a eles", falou Sayão.

"E o que eles responderam?"

"Eles disseram", Sayão pausou, "e por favor, não se ofenda, eles disseram que se os americanos escolheram o que, na aparência, era uma terra pobre entre duzentos mil hectares, deve haver algo tão valioso lá que eles não a cederão a vocês."

"Sayão, você sabe que isso não é verdade. Eu escolhi esse pedaço porque tem o menor valor para a empresa e porque, francamente falando, não posso pagar por uma terra que seria cara para limpar." Meu marido mal conseguia esconder sua amargura e sua decepção.

Eu intervim: "Podemos escolher dois mil e oitocentos hectares da melhor terra de madeira de lei, a terra onde até mesmo o café cresce selvagem na mata, a terra mais próxima do novo local da futura cidade de Ceres?".

"Certamente podem", respondeu Sayão. "Supondo que vocês escolham agora, eu mandarei o escrivão do Condado de Jaraguá preparar os documentos no nome de vocês."

Não foi preciso pensar duas vezes para escolher a melhor terra, sete mil acres de floresta começando na barra do rio Peixe e do rio das Almas. Sayão concordou com nossa escolha e, dizendo-nos para irmos a Jaraguá na segunda-feira seguinte encontrá-lo no cartório à uma hora da tarde, ele se despediu.

"Eu sabia. Eu sabia", disse triunfante para meu marido.

"O que você 'sabia'?", ele perguntou rindo de mim.

"Eu sabia que conseguiríamos nossa terra."

"Você é uma pioneirazinha esperta, não é?", disse ele, bagunçando meu cabelo.

Na segunda-feira marcada, à uma hora, estávamos no tabelião e escrevente de registros de imóveis em Jaraguá. Com o *boom* imobiliário, o escritório do escrivão ocupava dois cômodos de uma residência ao lado da loja de Diony. Antes de chegarmos a Jaraguá, a notícia já tinha se espalhado. Nós íamos conseguir nossa terra. Eu já havia dividido mentalmente a terra nas parcelas de hectares que devíamos.

No cartório, foi-nos dito que Sayão havia deixado todos os documentos assinados em nosso nome utilizando sua procuração da empresa do Rio. Uma multidão de moradores havia se reunido no cartório, não por curiosidade mórbida, mas em um espírito de felicidade por nós. Comentários da multidão como "E o capitão merece isso" e "Graças a Deus, eles têm sua terra" indicavam uma satisfação da comunidade por termos alcançado nosso objetivo.

O escrivão nos entregou uma caneta comum e indicou as linhas na parte inferior da escritura onde deveríamos assinar, sobre os selos federais. Meu marido assinou primeiro e depois eu.

"Isso é tudo, capitão, exceto pelo imposto de venda e pelo custo de registro do título", disse o escrivão.

"Quanto é o imposto de venda?", perguntamos juntos. Após um rápido cálculo e uma consulta à taxa de imposto sobre vendas do estado, ele respondeu.

"De acordo com a lei, o valor mínimo avaliado de sua terra é de vinte e cinco mil dólares. O imposto de venda é de dez por cento."

"Você está louco", meu marido retrucou. "Essa terra no título original valia apenas cerca de dez centavos por acre ou menos."

"Certamente concordo com você", disse o escrivão. "No entanto, por causa da estrada, o terreno foi valorizado... na verdade, pelo mesmo preço que a terra nessa região está sendo vendida agora."

"Vamos dar o fora daqui, Joan", disse meu marido, me empurrando na frente dele e para fora, na rua. "Eles podem ficar com a terra deles! Eu não quero nenhuma maldita terra. E espero que isso seja uma lição para você e seu otimismo infernal. Dois mil e quinhentos dólares de imposto de venda! De onde vamos tirar dois mil e quinhentos? Eu deveria ter voltado para o mar meses atrás, como eu queria", ele disse amargamente.

"Oh, companheiro, por favor, não desista. Nós conseguiremos o dinheiro para o imposto de venda de alguma forma", tentei tranquilizá-lo.

"Eu nunca mais quero ouvir falar de *terra*. Você me ouviu? Nunca mais!"

Eu sabia que ele não estava bravo comigo — que estava colocando para fora todas as suas decepções e desmotivações acumuladas. Dessa vez, tive o bom senso de não discutir com ele e mantive a boca fechada durante a viagem de volta a Anápolis.

Voltamos a trabalhar com enxadas novamente e, depois de cerca de dez dias terem se passado e eu sentir que era seguro falar do assunto da terra novamente, sugeri ao meu marido: "Tenho pensado em uma maneira de obter nosso título". Eu introduzi o assunto aos poucos. "Eu vou para a capital encontrar o governador!"

"De que adiantará isso?", ele perguntou ceticamente.

"Vou levar um casal de filhotes e mostrar a ele nossos ativos e contar sobre o contrato de Quinca Borges conosco e perguntar se podemos pagar ao escritório da receita estadual os dois mil e quinhentos dólares em prestações ao longo de alguns anos, se e quando entregarmos os filhotes."

"Simples assim, hein?", ele perguntou. "Você acha que o governador de um estado importante como este vai ouvir você e sua ideia de pagamento parcelado?"

"Eu não sei. Mas posso tentar." Eu mantive meu plano.

"Você só vai se chatear e se humilhar, Joan, se tentar fazer algo assim."

"Você está disposto a me deixar tentar?", insisti, esperançosa.

"Eu não quero que você se decepcione novamente."

"O governador pode não estar disposto a me receber. Se ele não estiver, e daí?" Eu estava reforçando minha própria coragem.

"Vá em frente, Joan. Não me importo com o que você fizer. Mas, por favor, desça dessas alturas de certeza de que tudo tem uma resposta antes de quebrar a cara de novo." Era um bom conselho, mas eu estava decidida. O que eu tinha a perder?

No dia seguinte, com um filhote macho e um filhote fêmea de exemplo sob cada braço, esperei na estrada para pegar carona até a capital do estado, cerca de sessenta quilômetros a sudoeste de Anápolis. Um caminhão carregado de arame farpado parou e me ofereceu carona, se eu não me importasse de ir em cima do arame farpado. A cabine do caminhão tinha um homem, uma mulher e um bebê como passageiros, então, não havia lugar para mim e os filhotes.

Empoleirada no topo do arame farpado, não posso dizer que foi uma viagem tranquila. Meu traseiro ficou grudado nas farpas e o vestido de chita que usava tinha

217

pequenos rasgos, pois eu precisava me contorcer para achar uma posição confortável no arame. Claro que os filhotes vomitaram e urinaram em mim. No entanto, os desconfortos físicos não me desanimaram. Eu viajava com muitas esperanças, as *últimas* esperanças, em direção à capital.

Fora dos limites da cidade, desci do caminhão e, carregando os filhotes, encontrei meu caminho por uma avenida larga asfaltada até o Palácio das Esmeraldas, o gabinete oficial do governador e sua residência. Um guarda na porta do palácio, um soldado com uma baioneta, lançou-me um olhar curioso e me perguntou o que eu queria. Eu disse a ele que precisava ver o governador urgentemente. Estava pronta para dar ao guarda um bom argumento robusto do porquê eu tinha que entrar no palácio, quando ele disse:

"Claro, entre e se sente. Vou levar o seu nome adiante."

Eu me sentei na sala de espera em um assento muito bem aveludado. A sala de espera estava lotada. Ministros do gabinete, secretários estaduais, fazendeiros ricos e migrantes pobres esperavam pacientemente para ver o governador.

Eu estava toda desalinhada, de vestido rasgado, com manchas de vômito e urina de filhote que escovadas e esfregadas furtivas não removiam.

Notei que, conforme a ordem de chegada na sala de espera do palácio, o governador recebia as pessoas, não importando qual fosse seu cargo ou posição. Quando chegou a minha vez, entrei com apreensão no santuário do governador.

Vi diante de mim um homem alto, de olhos azuis, de rosto amável, levantando-se para apertar minha mão. Era o dr. Pedro Ludovico, antigo médico do campo, governador do estado de Goiás.

"Sou a esposa do capitão Bowen, sr. Governador", comecei.

"Sim, eu sei", ele disse.

"Construímos uma estrada de Jaraguá até as florestas de São Patrício."

"Sim, eu sei", ele repetiu.

"E trouxe esses filhotes para mostrar a você quais são nossos bens."

Se o governador achou que fui incoerente e confusa logo na sequência, ele estava certo.

"Temos um acordo para vendê-los todos ao longo de alguns anos e queria saber se isso é aceitável para o estado", eu terminei.

O dr. Pedro Ludovico chamou um guarda para levar os filhotes. Ele pediu que dessem a eles um pouco de leite quente e um lugar fresco para descansar. Para mim, ele pediu café quente. Depois que bebi o café e estava um pouco mais à vontade, o governador disse:

"Em que posso ajudá-la, dona Joana?"

"Sobre os filhotes? Poderíamos pagar ao departamento da receita estadual em prestações conforme eles forem vendidos?"

"Que tal você me contar qual é exatamente a situação", o governador disse gentilmente. "É claro que sabemos sobre seu marido e a estrada e a luta de vocês. E esperamos que vocês não desistam. Soubemos de pessoas de muitas nacionalidades que, no passado, tentaram abrir essa fronteira. Elas fracassaram e partiram — foram embora devendo dinheiro!"

"Mas nós vamos pagar tudo o que devemos", expliquei.

"Eu não duvido disso, dona Joana. Mas o que eu posso fazer por você?"

Expliquei que, ironicamente, os valores das terras haviam aumentado de forma exponencial por causa da *nossa* estrada e das safras abundantes produzidas nas terras até então inacessíveis, de modo que não tínhamos condições de pagar a taxa de imposto. Disse a ele que, se não pagássemos o imposto de venda, não receberíamos a titularidade.

O governador ficou em silêncio por algum tempo, mexendo nos papéis sobre a sua mesa, como se estivesse pensando muito em uma solução.

"Por que seu marido nunca colocou uma cancela na estrada e cobrou pedágio de todos os veículos que passavam por ela? Ele certamente teria ficado rico", perguntou o governador.

"Porque ele não achava justo, sr. Governador, cobrar pedágio em uma estrada que estava sendo construída pura e simplesmente para penetrar nas florestas de São Patrício, e pela qual seríamos pagos com cento e vinte mil acres de terra."

"Eu sei, dona Joana, que seu marido não explorou os colonos com um pedágio. Eu sei de tudo o que aconteceu com vocês. Temos um arquivo completo sobre suas ações desde o primeiro dia em que chegaram ao estado." O governador tocou um sino chamando seu secretário.

Quando o secretário apareceu, ele ordenou que chamasse o secretário de estado da Fazenda para vir pessoalmente ao seu escritório.

"Você aceitaria o pagamento em parcelas do imposto de venda, sr. Governador?", implorei.

"Minha senhora, você acha que o estado de Goiás vai *cobrar* de vocês pelo que seu marido contribuiu para o progresso e a riqueza do estado?"

"Eu não sei, senhor", eu disse sinceramente.

Enquanto aguardávamos a chegada do secretário da Fazenda, o dr. Pedro Ludovico me perguntou como estávamos vivendo em Anápolis. Quando eu disse a ele que estávamos trabalhando em troca do aluguel, ele me perguntou se eu gostaria de ensinar inglês no ensino médio em Goiânia por um bom salário.

Eu sabia que sua oferta era uma forma de expressar seu desejo de que permanecêssemos em Goiás. Agradeci, mas declarei que tínhamos um sonho e um objetivo: terra e uma plantação de café na fronteira.

Ele me perguntou onde eu iria almoçar. Eu disse a ele que não estava com muita fome.

"Você me fará a honra de se juntar à minha esposa e família para um almoço aqui na residência do palácio", ele disse.

Eu queria me beliscar para acreditar no que estava ouvindo. Lá estava eu, suja, rasgada e empoeirada, uma ninguém, e o governador do estado estava me convidando para almoçar com ele e sua família!

Quando o secretário da Fazenda entrou, o governador lhe explicou sobre o alto valor pelo qual nossa terra foi avaliada e perguntou se era verdade. O secretário disse que a terra de floresta de primeira qualidade naquela região era avaliada pelo preço que o escrivão havia cobrado.

O governador ficou pensativo por um momento e depois disse: "Não há nenhuma maneira, de acordo com a lei, pela qual possamos dispensar o pagamento do imposto de venda no caso especial do capitão Bowen? Minha opinião é de que, moralmente, *nós* devemos aos Bowen, não o contrário", concluiu o governador.

Uma discussão detalhada entre eles sobre códigos e leis referentes ao imposto sobre vendas de terras se seguiu. Finalmente, o secretário disse que havia um código e um parágrafo na lei segundo os quais, em casos muito excepcionais, a transmissão do título poderia ser feita sem a receita do estado.

"Elabore um decreto oficial nesse sentido", disse o governador. Virando-se para mim, ele acrescentou: "E agora vamos nos juntar à minha família na residência? Você deve estar com fome e cansada depois de sua viagem até aqui".

Ele se levantou e abriu uma porta que levava do gabinete à escadaria privativa de sua residência oficial.

"Dr. Pedro, o que você quis dizer ao ordenar a elaboração de um decreto?"

"Significa que o escrivão está autorizado por uma lei especial a entregar a titularidade da terra a você e seu marido sem taxa de transmissão."

Eu não conseguia acreditar. Nossas esperanças tinham caído por terra com frequência demais para que eu fosse ingênua em relação à sorte.

"Quando o decreto será publicado?", perguntei.

"Eu o enviarei por um mensageiro especial amanhã", ele disse.

"Será que o senhor poderia, por favor, sr. Governador, me deixar levar o decreto ao escrivão? Eu poderia levá-lo pessoalmente a ele muito mais rápido do que um mensageiro."

Ele fez uma pausa, esfregou o queixo pensativamente e o vi tentando disfarçar um sorriso. "Não vejo por que não, dona Joana. Acho que você seria uma excelente mensageira."

Eu era a convidada de honra para o almoço no palácio do governador. Em uma hora ou mais, teria em minhas mãos um decreto tornando a terra nossa. O governador me disse o quanto admirava os americanos e esperava que muito mais americanos como nós se estabelecessem na nova fronteira.

"Como você vai voltar para Anápolis?", ele me perguntou quando descemos novamente ao seu gabinete.

"Ah, eu pegarei carona de volta", eu disse.

Ele colocou o documento oficial selado e assinado em minha mão. "Tomei a liberdade de telefonar ao sr. Quinca Borges, acho que a senhora o conhece", ele disse, ainda sorrindo. "Ele tem um pequeno avião Piper Cub. Pedi a ele que levasse a senhora de avião de volta para Anápolis para que possa entregar o decreto nas mãos de seu marido antes que você exploda!"

Ele apertou minha mão firmemente. "Adeus, e que Deus te acompanhe. Estamos orgulhosos de ter os Bowen como cidadãos de Goiás."

★

Os anos foram passando. Em parte das nossas terras estão plantados quarenta e um mil cafeeiros frutíferos. O sertão está cortado por estradas. Na cidade de Anápolis, há sete bancos que recebem a fabulosa riqueza dos fazendeiros e dos boiadeiros. O arroz é exportado de Anápolis para a Inglaterra e para o Oriente. Dentro de dois anos, Goiás será o maior centro mundial de produção do ouro verde: o café.

Quanto a nós, a vida e o Brasil nos têm sido bons. Temos uma bela casa de tijolinhos com uma piscina a curta distância da nossa porta. Conseguimos perfeita estabilidade econômica. Produzimos todas as coisas de que necessitamos, com exceção de gasolina e de sal. Olhando da minha janela, vejo os pés de café e, mais adiante, o canavial que nos dará açúcar para termos café com açúcar e, no pasto, as vacas que nos darão leite para termos café com açúcar e *creme*. O trigo está amadurecendo para nos dar pão; a queijeira está cheia de queijos e de manteiga, no fumeiro há presunto, toucinho e salsichas. No pomar, temos limão, laranja, toranja, mamão, goiaba, figo, abacate, abacaxi, manga, maçã, quincã. Na horta, tomate, aspargo, repolho, couve-flor, alface, cenoura e vagem. No galinheiro, centenas de galinhas vermelhas de Rhode Island, mais ou menos cem perus gordos, galinhas-da-angola e patos.

Fileiras e fileiras plantadas de batatas-doces, que não precisam ser guardadas na despensa. Ficam no chão até o momento de serem aproveitadas. Temos também batatas-inglesas e amendoim.

Somos considerados ricos. Temos bons empregados: uma cozinheira, uma arrumadeira, um jardineiro, um peão e uma lavadeira. Gozamos de boa saúde. Com tremendo orgulho, temos observado o progresso que marcou a história do Brasil aqui neste sertão, para onde vieram milhares e milhares de famílias.

Enquanto eu olhava pela janela para a cornucópia da fortuna que agora é nossa, meu marido veio por detrás e pôs o braço no meu ombro.

"Sabe em que estive pensando, querida?", perguntou ele.

"Não."

"Há uma outra área de florestas além do rio Maranhão. Não existe estrada para lá..."

"Companheiro! Quer dizer que você... que nós...?"

"O que você acha?" Em seus olhos estava a visão de outras conquistas, um ímpeto de desbravar novos rincões.

Tínhamos finalmente vencido. Tínhamos batizado nossa fazenda de "O Ancoradouro". Pela expressão no rosto de meu marido, vi que eu não teria coragem de recusar aquilo que ele mais desejava — buscar um novo rincão.

"Ah, puxa, companheiro." Eu suspirei. "Ainda não sei tecer e não poderei fazer suas calças."

"Não se preocupe com isso", ele respondeu. "Vou comprar todo um estoque de calças."

"ANTES a gente sabia que, apesar de Mary Martin não morar constantemente aqui, vinha uma vez por ano à fazenda ver seus negócios, amigos e empregados. Infelizmente, ela não pôde mais morar conosco após a morte do marido, Richard Halliday. É uma pena, eles foram muito felizes neste lugar."

Mary Martin e Richard Halliday foram muito felizes em Anápolis, na Nossa Fazenda, quando a Rodovia Belém—Brasília nem ao menos estava em projeto. Foi na década de 50, e a transação foi feita por influência de sua não menos famosa amiga, a atriz Janet Gaynor. Na ocasião, o falecido marido de Janet estava com problemas cardíacos e ela achou que a compra de uma fazenda no tranqüilo Goiás — o contato com a natureza ainda pura — iria lhe prolongar a vida. Mary e Janet ficaram vizinhas. Praticamente uma colada à outra, separadas por um pedaço de terra por onde depois passaria a Belém—Brasília. Janet foi logo embora para os Estados Unidos, abandonando sua fazenda sem vendê-la. Mary deixou-se ficar com Richard e se transformou na mais famosa fazendeira da reg[ião]. Muitos repórteres estrang[eiros] vinham para saber como estava vivendo e as razõe[s] sua opção solitária. Afina[l de] contas, não se tratava de estrelinha qualquer ou de atriz de pouco sucesso. Estreando em 1938 na Broadway, ao cantar *My Heart Belongs to Daddy*, Cole Porter, ela ganhou [os] palcos de várias cidades e países e chegou às câmara[s de] Hollywood. Fez filmes de grande sucesso tendo com[o] companheiros, entre outr[os] Bing Crosby, Dom Amec[he,] Fred MacMurray e Dick Powell. Os americanos nã[o] esqueceram seus fantástic[os] desempenhos nos palcos [da] Broadway em peças como *Peter Pan* (1954-55), com [o] belo vôo por entre as estr[elas] do céu, *South Pacific* (194[9,] *Sound of Music* (1965). O[s] ingleses também se lembr[am] de seu trabalho em *Kind-*, ao lado de Charles Boyer sob a direção de Joshua Logan. Sua bela voz e sua interpretação tornaram-se inesquecíveis.

Em todas as suas entrevis[tas] no exterior, Mary sempre declarava o amor que sen[tia] por sua fazenda goiana, p[elo] seu trabalho, que consegu[iu] transformar o Centro-Oes[te] brasileiro num local

A terra goiana seduz Hollywood

A CASA DE JOAN LOWELL

No último feriado, dia 15, o Juiz de plantão, Geraldo Tasso, foi, nessa condição, procurado por vizinhos da residência alugada pela, agora falecida, Joan Lowell, mostrando-se preocupados com o fato de estar aquela casa, localizada bem à margem do Lago, na Vila Planalto, abandonada, havendo pessoas que, a pretexto de tirarem fotografias ou guardar lembranças, como intrusas, ali queiram entrar.

JOAN LOWELL A DONA JOANA DE ANÁPOLIS CALÇAS COMPRIDAS FUMANDO ELA GUARDA TRAÇOS DE BELEZA

MARY MARTIN
Adeus, Brasil

CONTINUA

● **NA PRÓXIMA SEMANA** dauma grande novidade aos meus leires. ∗ Janet Gaynor e seu mar
Adrian estiveram no Rio. Foram
menageados por esta coluna, e já es
de volta a Goiás, onde residem em s
fazenda. Janet e Adrian deviam
condecorados pelo govêrno brasile
pela grande promoção que fizer
para o Estado de Goiás, até então d
conhecido, e hoje conhecido mundi
mente. ∗ A bonita sra. Dolores Sh
wood, ex-Guinle, está residindo
França, confirmando mais uma notí
que dei para vocês em primeira mã
∗ No próximo mês, Paris terá a op
tunidade de ver, novamente, um d
casais mais elegantes do Rio: Sr. e s
Carlos Eduardo (Didu) Sousa Camp
Edith Piaff estréia dia 6 com uma no
de gala no Copa.

ner and Arthur Davison Ficke, ellent poets in their own right, ofed the public with "Spectra," lume of exaggeratedly modern gist poetry and free verse to ch they signed the names manuel Morgan and Anne sh. The verse was received ously and commented on mnly by critics.

ir James Barrie, playwright, ed the public with a book ed "The Young Visitors," su edly written by a little g ned Daisy Ashford.

he of the most violent litera troversies of modern tim ed over Joan Lowell's "Cra the Deep," published in 19 l supposed to be an autob phical account of a child w s brought up at sea from t e of 11 months until she was rs old and was the only "w n-thing" aboard her fathe p.

Nautical experts cited innum e flaws in Miss Lowell's accou d termed it completely uns rthy. But the book was a b ler. The attractive young a or was feted and never yield

in her contention that it was auto biography.

Last January another embarrassing literary hoax was turned up by an alert book reviewer. Robert E. Preyor Jr., a convict serving a fifteen-year term in the Columbus, Ohio, penitentiary for burglary, sold a manuscript entitled "Position Unknown" to Little Brown in Boston for $600.

When advance copies were sent ewers one of them, kus of 38 Bank Street, ecognized it as almost vord copy of "Island an aviation novel by Gann that had been 1944 by Viking Press. e the discovery was ver. Preyor had spent of his advance royal-

n of letters and poems omposed in seven lan- iding Latin and Greek ate Chief Sitting Bull e prize exhibits at the ity Library. Published after Custer's last ritings were the work R. D. Clark.

★ MARY MARTIN RETORNARÁ AO BRASIL assim que terminar uma excursão que realiza no exterior para apresentação do seu último sucesso na Broadway, Hello, Dolly! A veterana atriz norte-americana possui, desde alguns anos, um sítio em Goiás.

A "estrêla" que virou fazendeira em Goiás:

MARY MARTIN DE NOVO NO BRASIL!

Comprou uma fazenda perto de Anápolis onde pretende viver — Sucesso em "Peter Pan" — Regressará aos "States" dentro de três meses

A reportagem de CINE-REPORTER foi encontrar Mary Martin no Galeão A "estrêla" americana saltou do aparelho em que viajara desde os Estados Unidos portando aquêle sorriso amável que tão bem conhecemos. Trajava vestido leve, decotado e ostentava penteado "a la homem", bastante explicável sabendo-se que durante longo tempo ela representou nos palcos da Broadway o papel-título do musical "Peter Pan".

Naturalmente, Mary Martin nos disse, iniciando a conversa no bar do aeroporto internacional, que estava muito contente por regressar ao Brasil. Como nos interessasse saber quando e de que maneira a artista resolver a ser fazendeira em Goiás, ela nos contou a história:

— "Em março do ano passado vim ao Brasil em gôzo de férias e nem me passava pela cabeça a idéia de fixar residência neste país. Em São Paulo, porém, encontrei-me com Janet Gaynor e Adrian, que me convidaram para jantar em sua fazenda em Goiás. Gostei tanto do lugar e do clima que pedi a Adrian arranjar-me terras perto das suas. Em julho recebi telefonema de Adrian oferecendo-me as terras prometidas e comprei-as com gôsto. Será a minha terra prometida!"

Os presentes ao desembarque de Mary cercavam-na com carinho e ouviam com atenção as suas declarações. Mary Martin disse mais ainda que não conhece o lugar que comprou. Deverá faze-lo quando ali chegar, passando por São Paulo. Disse também que gostou muito do "show" que vem de representar "Peter Pan" — que foi grande sucesso de bilheteria e de crítica. Porém condenou todos os seus filmes. Afirmou ser o teatro sua arte favorita.

Mary Martin possui dois filhos. Helah tomou parte, com sua mãe, em "Peter Pan" e encontra-se agora trabalhando em Paris. Larry está em Londres servindo na Fôrça Aérea e tão logo ter

(Conclui na 4.ª página)

INAUGURADO NA TIJUC...

Foi entregue, finalmente, ao pú...

Um novo tipo de imigrante para Goiás

O ALPENDRE DA CASA dá-lhe feição de cenário. Lugar das visitas.

o capitão as responsabilidades; as decisões, não. Acho que a selva é o único lugar onde se pode ver quem é homem, e quem é boneco.
— Por que não vai então buscar um pedaço de terra?
— Talvez porque não encontrei ainda mulher que me amasse bastante para viver comigo, e só para mim, sem dar a mínima importância ao resto do mundo.

A passageira murmurou um confuso boa-noite, ante a impressão que aquelas palavras lhe causavam, e foi deitar-se, enquanto o Capitão Bowen continuava a olhar para fora.

Voltaram a encontrar-se muitas vêzes pelo resto da viagem, e a conversa girava sempre em tôrno dos sonhos de uma "unexplored land", sonhos de que a passageira começava a partilhar.

Até que um dia, na viagem de Santos a Buenos Aires, o capitão foi ao ataque:
— Vê aquêle ponto onde a montanha alcança o mar?
— Sim...

DONA JOANA É QUEM MANDA

As opiniões sôbre dona Joana, em Anápolis, se dem muito. Ela é uma mulher de luta, de deci ambiciosa e excepcionalmente inteligente. Tem tos inimigos e às vêzes se mete em questões sé de brigas de terras. No segundo dia em que vi sua fazenda, dei carona no automóvel a um ci o gordo que também ia visitá-la. Era um oficial ustiça com uma intimação para dona Joana com cer perante o juiz, a fim de ser ouvida numa tão de briga entre ela e um fazendeiro seu vizi . Embora tenham me informado em Anápolis que já teve que enfrentar, já fazendeira, algumas bri (certa feita, um mulato tirou a faca para ela, cando-lhe a barriga, para amedrontá-la) dona na contesta a informação:

— Nada disso. Tenho pelejado, defendendo os s direitos. Mas nunca precisei andar armada para

DONA JOANA É FAZENDEIRA

Converso com Joan na sua fazenda, a dez quilô ros de Anápolis. Comigo está seu amigo João mar. Chego sem avisar e depois de feitas as apre ações formais, entro na conversa com Joan. Não nada sôbre ela e confesso minha ignorância: só saber da existência do seu livro de grande su o, agora, em Anápolis. Digo-lhe isso. Joan le ta-se, vai à estante e me traz um exemplar. Con amos perto de três horas e quando saí de sua já era noite. Ela me impressionara imensamente. Joan já está grisalha. Seus cabelos longos e cres são enrolados em forma de coque, no alto da ça. Vestida de calças compridas, cinto de homem na blusa simples, ela fala muito. Sua voz é rouca uando fala, quase sempre de cabeça baixa, fecha olhos. Fuma seguidamente e noto no lado direito eu pescoço uma cicatriz de tamanho regular. Mais e ela me informaria que aquilo fôra conseqüên de um tiro, numa caçada. Essa mulher passou maiores privações que um ser humano pode pas numa terra selvagem. Mas hoje vê-se que sua ação é bem outra. Sua casa de campo é deco com bom-gôsto embora nela não haja luxo. chão, dois couros de onça servem de tapete. Pe paredes vários troféus: pássaros empalhados, laços oiadeiro, estribos, cocares de índios e exemplares escultura popular. O mobiliário é bom, algumas s de valor. Na estante mal cuidada os livros o cobertos por uma camada de poeira vermelha. asa é baixa, sem fôrro e o tijolo vermelho não

lei brasileira (que ninguém conhece) o argumento para um filme nacional tem que ser escrito por um brasileiro nato. Assim, o filme deixou de ser reali zado. Mas dona Joana diz que a coisa passa. E ela então verá na tela sua aventura. Outra condição sua para a filmagem: que tudo seja contado como está, sem índios, nem onças, nem cobras muito ao gôsto americano. E explica:

— O êxito do meu livro eu acho que é êsse. Eu contei apenas o que vi e sofri. Sem adornos, nem imaginação. E os leitores se surpreenderam não só com minha história, mas em saber que no interior do Brasil, em Goiás, não há índios ferozes, nem onças bravias, nem cobras aos montes. Eu gosto demais do Brasil para mentir e deturpar a verdade brasileira.

A TERRA É ÓTIMA

Joan monta muito a cavalo quando tem que

JOÁN LOWELL é uma das escritoras de maior pú blico, atualmente, nos Estados Unidos. Seu livro *Promised Land* é um "best-seller" autêntico, cujas edições se sucedem. Agora mesmo na Inglaterra o livro de Joan repete o êxito da edição americana e está sendo preparado para ser lançado, também, em francês e alemão. Em português, recebeu o nome de "Terra da Promissão" e seu êxito, embora menor do que nos Estados Unidos e na Europa, já garantiu uma 2.ª edição. É um livro comovente. Escrito na primeira pessoa, é o relato de uma mulher ame ricana que resolve se internar nas matas de Goiás para uma aventura pioneirística. Nada de ficção. Relato fiel e simples, uma das melhores reportagens já publicadas em todo o mundo.

Pois Joan Lowell continua em Goiás e de lá não sairá mais. É ela mesma quem me informa:

— Há dois anos atrás fui convidada pelo meu editor para ir aos Estados Unidos assistir o lança mento de meu livro. Fui para passar um mês sò mente. Mas o êxito do livro não me permitiu voltar logo. Tive que atender os convites de tôdas as televisões e rádios americanos. E ao invés de um mês, passei oito. Falei em todos os canais de televisão, contando minha experiência b r a s i l e i r a. Quando o avião que me trouxe de volta tocou em Belém, em terras brasileiras, olhei para trás e jurei a mim mesma, nunca voltar aos Estados Unidos. Ja mais deixarei o Brasil. Ou mais precisamente, jamais deixarei Goiás.

Para os habitantes de Anápolis, ela é simples mente dona Joana. Todos a conhecem: o chofer de táxis, o negociante, o hoteleiro, o estudante e o ho mem da rua. As opiniões a seu respeito variam, mas todos têm por ela uma grande admiração. É uma mulher extraordinária. Nunca em minha vida pro fissional, encontrei outra que me impressionasse mais do que essa americana de coragem.

Estrada de onças, estrada de ninguém.

EPÍLOGO

A TERRA DA PROMISSÃO SÓ PRODUZIU ABACAXIS

MATHEUS PESTANA[1]

---

[1] Matheus Pestana vem de Goiânia. Estudou Ciências da Comunicação na Universidade de Lisboa, escreveu para a *Cahiers du Cinéma* e a *Notebook* (MUBI). É diretor da Cinelimite e se dedica à restauração e à preservação do cinema brasileiro. Colaborou com a Fundação Bienal de São Paulo e é produtor do programa educativo da Festa Literária Internacional de Paraty.

A TERRA DA PROMISSÃO SÓ PRODUZIU ABACAXIS

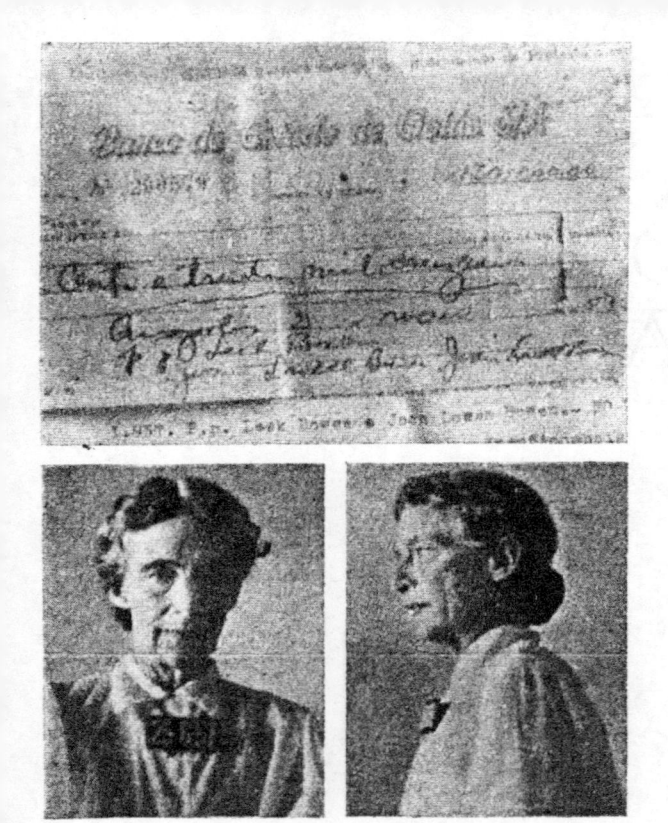

Alguma vez você já se perguntou como um pioneiro se transforma em vigarista? Veja, é bem possível. Basta pensar, por exemplo, em figuras como Gregor MacGregor, o Cacique de Poyais, uma terra e um título que não existiam, ou Victor Lustig, o homem que conseguiu vender a Torre Eiffel duas vezes. Essas pessoas têm hábitos semelhantes ao de descascar um abacaxi, começando pela coroa. Os espinhos avisam que há trabalho pela frente. E foi assim que, em julho de 1957, o título deste posfácio encabeçou uma matéria da revista *Manchete*.[2] Na ocasião, Joan Lowell, nossa personagem principal, estava presa em Anápolis, Goiás, por estelionato.

Há um certo mistério sobre como Lowell, uma aventureira, se transformou em criminosa. Mas, antes de desvendarmos essa parte da história, é preciso descascar esse abacaxi de maneira um tanto não convencional; vamos cortá-lo no meio. Começamos com a menção de duas outras figuras ilustres que aparecerão nesta história, uma de Hollywood e outra da Broadway. Ambas se tornaram os pivôs desta novela quando decidiram trocar o alvoroço dos Estados Unidos por uma vida supostamente tranquila na região central do Brasil, onde seriam fazendeiras. Mas o que levou essas estrelas a abandonarem o *glamour* e se embrenharem no cerrado?

Isso pode soar como o primeiro ato de uma comédia teatral e, de certa forma, de fato o é. O elenco dessa aventura singular inclui Janet Gaynor, vencedora do primeiro Oscar de Melhor Atriz da história por sua atuação na primeira versão de *Nasce uma Estrela*, de 1937, e Mary Martin, ícone da Broadway, estrela que encarnou, pela primeira vez, os papéis de Nellie, no musical *Ao Sul do Pacífico*, de 1949, e de Maria, em *A Noviça Rebelde*, de 1959. O elo entre essas duas divas? A nossa protagonista: Joan Lowell.

---

2   SERRA, Ivo. A terra da promissão só produziu abacaxis. *Manchete*, Rio de Janeiro, n. 274, p. 71, 20 jul. 1957.

Uma vez tendo encontrado seu novo rincão, Joan — conhecida pelos moradores locais como "Joana" — lançou-se em uma nova carreira como corretora de imóveis, ou melhor, vendedora de terrenos. E aqui vai a nossa primeira espetada no abacaxi: com a publicação de *Terra Prometida* em 1952, ela persuadiu colegas do *show business* a se mudarem para o Brasil. O livro teve tanto sucesso que foi posteriormente traduzido para o francês, o alemão e, é claro, o português. O burburinho sobre a publicação de seu mais novo romance chegou a tal ponto que, poucos meses depois do lançamento nos Estados Unidos, os jornais já começavam a especular uma adaptação cinematográfica estrelada por outra diva: Joan Crawford.

CRAWFORD LOOKS TO 'PROMISED LAND'

Actress and Joseph Kaufman, Who Scored in 'Sudden Fear,' Seek Joan Lowell Book

A dona Joana do Brasil Central

> Joan Lowell, autora de um livro de sucesso internacional, famosa artista de teatro e cinema, abandonou Hollywood e a Broadway para plantar café em Goiás.

Apesar do grande interesse de Hollywood, o projeto de transformar *Terra Prometida* em um filme caiu por terra — com perdão pelo trocadilho. A iniciativa foi interrompida sem mais explicações e, somente três anos depois, em 1955, Lowell revelaria o motivo do fracasso do projeto à revista *Manchete*, que, posteriormente, contaria a história de sua prisão. Tudo já havia sido acertado com o estúdio americano, tendo Joseph Kaufman como produtor e a atriz brasileira Ruth de Souza no papel de Lowell, contracenando com Crawford, que por sua vez não teve tempo de ter um papel definido. O imbróglio em torno do filme rendeu matéria no *New York Times* e uma entrevista na *Manchete*.[3] Na verdade, a causa real do cancelamento foi uma lei brasileira, segundo a qual, para uma película ser coproduzida no Brasil, o roteiro deveria ser escrito por um roteirista brasileiro. O filme foi, então, suspenso. Ainda assim, a polêmica não abalou o interesse da vencedora do Oscar, Janet Gaynor, em conquistar seu próprio pedaço do paraíso brasileiro.

Em 1939, logo após o grande sucesso de *Nasce uma Estrela*, Janet Gaynor abandonou sua carreira de atriz para se dedicar ao marido, o renomado estilista e figurinista

---

3   DUTRA, Neli. Ruth de Sousa, resultado de três raças tristes. *Manchete*, Rio de Janeiro, n. 56, p. 71-73, 16 maio 1953.

Gilbert Adrian. Janet havia ganhado o primeiro Oscar da Academia de Artes e Ciências Cinematográficas em 1929 por suas atuações em *Sétimo Céu*, de 1927; *Aurora*, do mesmo ano; e *O Anjo das Ruas*, de 1928. Adrian, por sua vez, era uma estilista proeminente por mérito próprio, o principal figurinista dos estúdios MGM. Ele vestiu superestrelas como Greta Garbo, Marlene Dietrich, Katharine Hepburn e Joan Crawford. Seus figurinos foram imortalizados no cinema, como na adaptação original de *O Mágico de Oz*, de 1939.

Em fevereiro de 1954, Gaynor e Adrian vieram ao Brasil para participar da primeira edição do Festival Internacional de Cinema, em São Paulo, uma tentativa do governo estadual de chamar a atenção de Hollywood para a capital paulista. Durante o evento, uma brasileira da alta sociedade paulistana chamada Lígia Piedade Wagner conheceu o casal e os convidou para uma viagem a Goiás. Para a revista *Manchete*, que fazia a cobertura do festival,

GOIÁS conquista a AMÉRICA CONTINUAÇÃO

Janet Gaynor – Adrian

os americanos perguntaram: "Onde é isso, Goiás?".[4] Antes de partirem, dona Lígia lhes entregou um exemplar de *Terra Prometida*, em inglês, que ela havia comprado em Nova York. Assim, após a leitura do romance, o casal seguiu de São Paulo direto para Goiás, guiado pelas páginas do livro de Lowell. Dali a dois anos, o casal, com a ajuda da da ex-atriz, escritora e agora corretora Lowell — que intermediou a burocracia por telegrama —, comprou uma fazenda e construiu uma casa modernista no terreno.

● **NA PRÓXIMA SEMANA** darei uma grande novidade aos meus leitores. ✷ Janet Gaynor e seu marido Adrian estiveram no Rio. Foram homenageados por esta coluna, e já estão de volta a Goiás, onde residem em sua fazenda. Janet e Adrian deviam ser condecorados pelo govêrno brasileiro pela grande promoção que fizeram para o Estado de Goiás, até então desconhecido, e hoje conhecido mundialmente. ✷ A bonita sra. Dolores Sherwood, ex-Guinle, está residindo na França, confirmando mais uma notícia que dei para vocês em primeira mão. ✷ No próximo mês, Paris terá a oportunidade de ver, novamente, um dos casais mais elegantes do Rio: Sr. e sra. Carlos Eduardo (Didu) Sousa Campos. Edith Piaff estréia dia 6 com uma noite de gala no Copa.

Agora, com o abacaxi em pé e partido ao meio, começamos a retirar a casca da outra metade.

Mary Martin entrou nessa história em 1955, após concluir uma temporada de sucesso na Broadway interpretando o papel principal em *Peter Pan*, que lhe rendeu um Prêmio Tony de melhor atriz. A fama de Martin era estrondosa. O musical foi televisionado nos Estados Unidos em um esforço para popularizar a televisão em cores, e cerca de 65 milhões de pessoas assistiram a Martin dando vida ao menino que não queria crescer.

---

4 LINGUANOTTO, Daniel. Festival de coquetéis. *Manchete*, Rio de Janeiro, n. 97, p. 3-45, 27 fev. 1954; PAIVA, Salvyano; LINGUANOTTO, Daniel. Retrospectiva do Festival (em close-up). *Manchete*, Rio de Janeiro, n. 99, p. 46-68, 13 mar. 1954.

Após o sucesso de *Peter Pan*, a atriz planejou uma viagem de férias à Grécia com seu marido, Richard Halliday. Por mero acaso, as bagagens da família foram extraviadas, obrigando-os a fazer uma parada no Brasil, especificamente no Porto de Santos, para recuperá-las. Ao desembarcar, ficaram surpresos em receber uma carta de seus amigos Janet Gaynor e Gilbert Adrian. A mãe de Gaynor havia lido em um jornal norte-americano que Martin e sua família estariam de passagem pelo Brasil, o que motivou Janet a propor um encontro dos dois casais em Santos.[5]

Entre março e maio de 1955, Martin e Halliday foram convidados para visitar Anápolis. Encantados com a residência brasileira deles e a beleza natural dos arredores, Halliday comentou que, um dia, gostaria de morar na região. Eis que a aventureira quase anapolina Joan Lowell prontamente se oferece para ajudá-los a comprar um terreno — e então, após retirar toda a casca, podem-se notar alguns "olhos" podres no abacaxi.

Nos planos ambiciosos de Joan, entusiasmada com sua vida de corretora, as próximas possíveis aquisições incluiriam nomes como Cary Grant, Claudette Colbert, Loretta Young e até mesmo James Stewart. Uma pequena sucursal de Hollywood começou a se formar no planalto goiano.

MARY MARTIN também já tem uma propriedade em Goiás

Mary Martin, a famosa atriz americana, de igual modo que Joan Lowell, Janet Gaynor e Adrian, também já tem uma propriedade em Goiás. Custou-lhe 22.000 dólares, e chama-se "Psalmo 23" (o psalmo que enaltece a paz do Senhor nos "verdes prados"). Ao que parece, Hollywood está com vontade de mudar-se para Brasília, pensando que se trata de uma Shangri-lá, Pasárgada ou Maracangalha...

Após retornar aos Estados Unidos, Martin e Halliday, determinados a obterem seu quinhão, enviaram dinheiro para a nossa pioneira

---

5   CARNEIRO, Luciano. Goiás Conquista a America. *O Cruzeiro*, Rio de Janeiro, n. 20, p. 4, 3 mar. 1956.

Lowell na intenção de comprar uma fazenda em Anápolis. Ao receber a escritura da propriedade, voltaram ao Brasil para finalmente visitar seu pedaço de paraíso prometido. No entanto, quando foram inspecionar a terra, tiveram uma recepção pouco tradicional e nada cordial — a tiros — pelo verdadeiro dono da propriedade. Ao que tudo indicava, Joan Lowell, assim como em seus romances, havia forjado uma venda fictícia. Tentando explicar a confusão para se safar, Lowell ofereceu o dinheiro de volta ao casal. Por qual meio? Um cheque de um banco de Anápolis, sem fundos.

E é aqui que finalmente cortamos a polpa do abacaxi em pedaços de tamanho abocanhável.

Os negócios de Joan Lowell se tornaram uma bagunça monumental, dando muito trabalho para os tribunais. A questão era se ela havia realmente cometido fraude ou se era vítima de uma calúnia monstruosa, tese que a pioneira sustentava. Até então, todas as provas se voltavam contra Joan, o que surpreendeu os habitantes de Anápolis, seus amigos e admiradores. Os beneficiários dos cheques sem fundos, é claro, apoiaram a ação da polícia, que prendeu a acusada. Antes de sua prisão, Lowell ingeriu uma forte dose de algum fármaco e foi internada no Hospital Dom Bosco, em Anápolis.[6]

Quanto aos patrícios estadunidenses enganados por "dona Joana", alguns não quiseram testemunhar, outros estavam ausentes do país ou nunca vieram a Goiás. As terras vendidas ficavam nas proximidades do que hoje é Brasília, e Joan conseguiu vender 1.641 dos 6 mil lotes e 37 das 39 fazendas, segundo Ivo Serra para a *Manchete*. O rombo da fraude foi da ordem de mais de dois milhões de cruzeiros. No entanto, o que levou Joan à prisão foi uma acusação criminal relacionada a quatro cheques

---

6   SERRA, Ivo. Dólar como adubo de Goiás. *Manchete*, Rio de Janeiro, n. 274, p. 73, 20 jul. 1957.

de 120 mil, 10 mil, 80 mil e 130 mil cruzeiros.[7] Alguns compradores pagaram integralmente, outros fizeram grandes adiantamentos. A maioria dos prejudicados recebeu apenas recibos, e não escrituras legalizadas. Os cartórios de registro de imóveis de Anápolis e arredores tiveram que lidar com enormes abacaxis, e Joan permaneceu como hóspede na antiga Cadeia Pública de Anápolis por mais algumas semanas.

A venda frustrada das terras para Cary Grant e Claudette Colbert rendeu a Joan 3 mil dólares de cada um. Isso fez com que muitos americanos desistissem de Goiás. "É uma história muito triste", disseram Janet Gaynor e Gilbert Adrian à revista *Manchete*, "ver Joan Lowell arruinar seu próprio nome. Ficamos tristes ao saber dos fatos. Afinal de contas, fomos nós que convencemos Mary, Richard, Grant e Claudette a se tornarem proprietários de terras em Goiás. E houve o que houve."[8]

Dona Joana

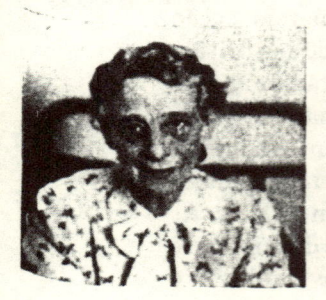

Pág. 130

A PRISÃO de Joan Lowell (Dona Joana para os goianos) por crime de estelionato deixou muita gente perplexa. Dona Joana tem 20 anos de Brasil, atraiu muitos norte-americanos para Goiás e escreveu um "best-seller": "Terra da Promissão". Sua vida é novelesca e forneceria um bom argumento a Hollywood. Para fazer a reportagem, Luciano Carneiro passou um dia na cela da escritora (na cidade de Anápolis) e arrancou um depoimento humano. Dona Joana já foi sôlta, por "habeas-corpus". O julgamento dirá se ela é culpada ou não.

---

7   CARNEIRO, Luciano. Joan Lowell (D. Joana para os goianos), presa em Anápolis como estelionatária. *Manchete*, Rio de Janeiro, n. 274, p. 73, 27 jul. 1957.

8   CARNEIRO, Luciano. Mulher sem medo. *Manchete*, Rio de Janeiro, n. 274, p. 72, 27 jul. 1957.

Tudo parecia muito desesperador para a pioneira até que João de Deus Cardoso de Mello, ex-promotor e procurador-geral do estado de São Paulo, se dirigiu a Anápolis. Um primo seu, o dr. Paulo Cardoso de Mello, já estava por lá. Ambos não tinham interesse em ganhos financeiros. O que os movia era um instinto de solidariedade por aquela que trocou a vida refinada de Nova York por Goiás. João de Deus declarou que a situação de Joan Lowell deveria despertar pena, não ódio. Em uma campanha discreta, ele convenceu os acusadores a retirarem as queixas com a promessa de que Lowell devolveria cada tostão. Ela foi então libertada.

Por conta dos abacaxis, o sonho tropical de Mary Martin e Richard Halliday quase chegou ao fim. É quando o casal faz amizade com o comerciante local Gibran El-Hadj, que se oferece para representar seus interesses no Brasil. Com sua ajuda, Martin e Halliday finalmente conseguem comprar a fazenda, batizando-a de "Nossa Fazenda Halliday".

Mary Martin ficou conhecida na cidade como "dona Meire" e construiu a casa da fazenda no autêntico estilo de Beverly Hills. Enquanto isso, Halliday plantou trezentas roseiras e instalou uma ponte em estilo japonês sobre um lago que levava à casa principal. Larry Hagman, filho de um casamento anterior de Mary Martin e famoso por atuar como J. R. Ewing na popular série americana *Dallas* (1978-1991), passou vários verões na propriedade da mãe. Mais tarde, edificou sua própria casa de campo luxuosa na fazenda, uma das poucas construções dessa história que ainda estão de pé. Apesar do atual estado de abandono, ainda existe, enquanto escrevo este texto, uma coluna de concreto com o nome da propriedade na entrada, a cerca de sete quilômetros de Anápolis.

Depois da construção de Brasília, que oferecia voos diretos de e para Nova York, Martin e o marido passaram a dividir sua agenda entre o Brasil e a Broadway. No entanto, a atriz passou mais tempo em Anápolis do que em qualquer outro lugar. Em maio de 1964, em entrevista ao jornal *Correio Braziliense*, Martin afirmou que preferia viver no Brasil: "Na verdade, quero me aposentar nos EUA e vir morar em Goiás permanentemente", disse ela.[9]

A família morou no Brasil até o final dos anos 1970, quando Halliday morreu de pneumonia em um hospital de Brasília. Martin retornou ao seu país de origem com os filhos e faleceu em 1990, aos 76 anos, na Califórnia. A casa da fazenda da família — com seus numerosos chalés, jardins de inverno, piscinas e cascatas — hoje se encontra em ruínas.

Quanto ao outro casal, Gilbert e Janet, eles também viveram entre os Estados Unidos e sua propriedade rural em Anápolis, a "Fazenda Amazônia", de 1972 a 1978. Acreditando que o clima tropical ajudaria na sua recuperação de um problema cardíaco, Adrian projetou e decorou a casa da fazenda enquanto Janet passava seus dias cuidando da terra e comprando suprimentos em Anápolis. Quando Adrian faleceu, em 1979, Janet retornou aos Estados Unidos, mas continuou visitando sua fazenda de tempos em tempos. Em 1984, após um acidente de carro, ela faleceu em São Francisco, aos 77 anos.

Mas e a nossa pioneira e, claro, plantadora de abacaxis? Bem, após suas inúmeras peripécias, quando a nova capital brasileira Brasília foi inaugurada em 1960, Lowell e seu capitão, Leek Bowen, mudaram-se para a cidade planejada, a 140 quilômetros de Anápolis. Leek sofreu um acidente de carro poucos dias após a chegada deles e ali faleceu. Viúva, Lowell manteve seu espírito aventureiro e prolífico, publicando artigos regularmente em jornais dos Estados Unidos. Nos anos 1960, ela embarcou em uma documentada viagem de carro pelo Brasil

---

9 CUNHA, Ari. Atriz Americana Pretende Liquidar Seus Negócios Nos Estados Unidos Para Vir Morar Perto de Brasília. *Correio Braziliense*, Brasília, n. 01217, p. 8, 12 maio 1964.

MATHEUS PESTANA

em um Volkswagen Kombi, percorrendo mais de 1,6 mil quilômetros de Brasília até Belém. Sua última publicação seria o livro *Westward: Whoa!*, cujo manuscrito, hoje, é considerado perdido. Em 14 de novembro de 1967, aos 65 anos, a pequena exploradora foi encontrada morta em sua chácara em Brasília, ao lado de sua fiel cadela e única herdeira, Pretinha.

Joan Lowell foi enterrada na capital brasileira, sua última morada. Assim terminou a saga de Hollywood em Goiás, mas a memória de dona Joana, dona Meire, dona Janete e outros personagens desta história ainda vive nas lembranças dos mais antigos moradores anapolinos.

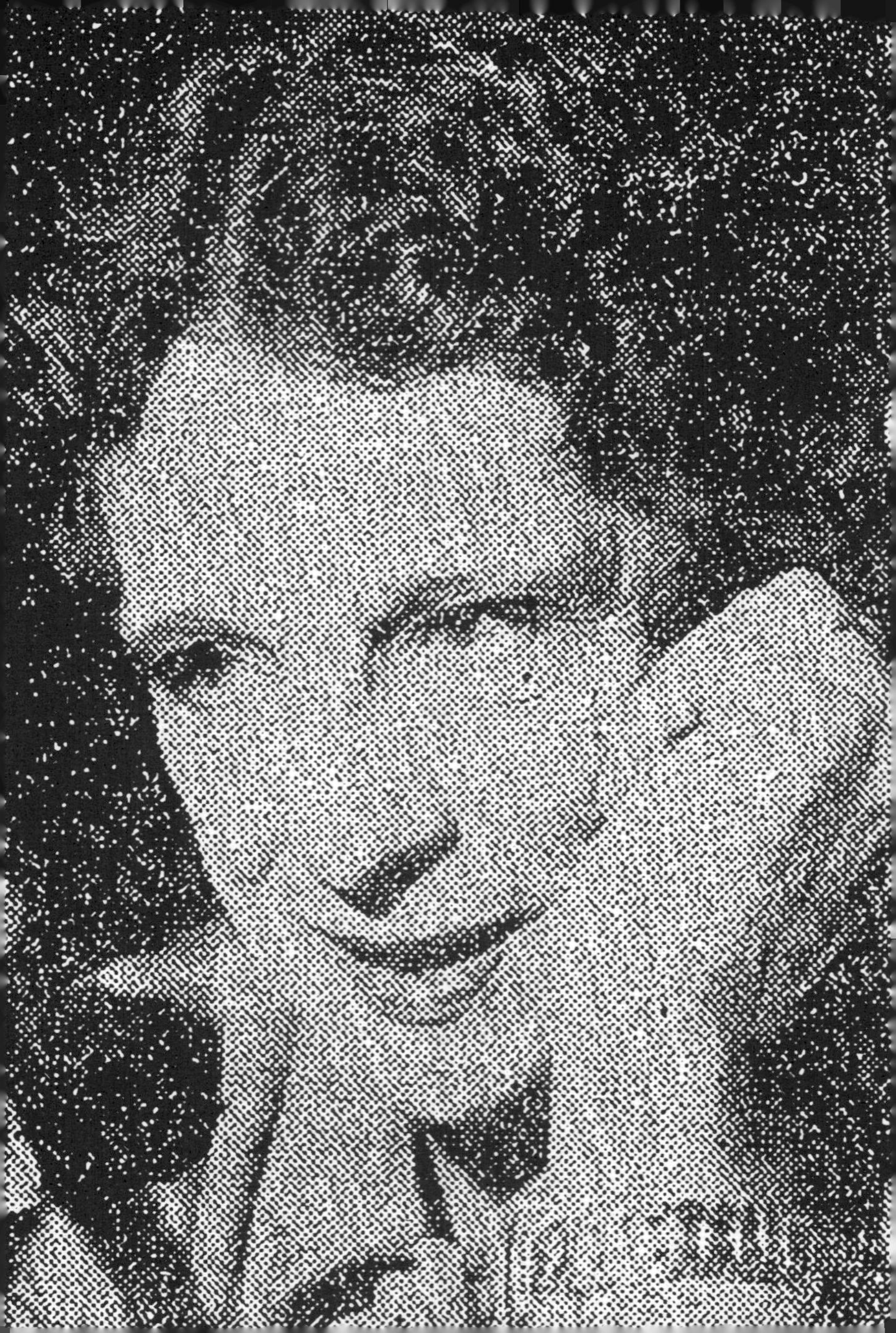

Festa da se[g]
começa em

15/NOV./67

Parceira de Chaplin morta em Brasilia

BRASILIA, 14 (Sucursal) — Foi encontrada morta, esta madrugada, em sua chacara nas proximidades de Planaltina, dentro da area do Distrito Federal, a ex-artista cinematografica Joan Lowell, que contracenou com Charles Chaplin no filme "Em busca do ouro". Seu ultimo filme foi "Honudras", em 1938. (Pagina 2).

LISTA DE IMAGENS

252

CAPA

Janet Gaynor e Gilbert Adrian em fotografia tirada por Darwin Brandão. 28 de maio de 1955; *Manchete*, "A Marcha Para o Oeste", edição 0162. Arte criada com a ajuda de inteligência artificial do Photoshop, finalizada por Ale Lindenberg e Joyce Kiesel.

ORELHA

Fotografia tirada por Darwin Brandão. 4 de junho de 1955; *Manchete*, "A Dona Joana do Brasil Central", edição 0163.

FOLHA DE ROSTO

p. 1: Desenho e autógrafo de Joan Lowell encontrados em um exemplar da primeira edição americana de *Promised Land* (Acervo Editora Ercolano).

PREÂMBULO

p. 11: *New York Times*, 2 de novembro de 1927.

p. 13: *New York Times*, 13 de junho de 1933.

p. 14: *New York Times*, 29 de julho de 1934.

p. 15: *New York Times*, 29 de julho de 1934.

p. 16: *New York Times*, 30 de julho de 1933.

p. 19: *New York Times*, 29 de agosto de 1935.

TERRA PROMETIDA

p. 25: Reprodução de frontispício (*Terra Prometida*, Editora Melhoramentos, 1956).

p. 34: Fotografia tirada por Dmitri Kessel. Abril de 1957; *Life*, "Brazilian Essay".

p. 42: Fotografia tirada por Luciano Carneiro. 3 de março de 1956; *O Cruzeiro*, Joan Lowell em "Goiás Conquista a América".

p. 43: Fotografia tirada por Paulo Scheuenstuhl. 26 de dezembro de 1981; *Manchete*, edição 1549, "Mary Martin, Adeus Brasil".

p. 56: Fotografia tirada por Luciano Carneiro. 3 de março de 1956; *O Cruzeiro*, "Goiás Conquista a América".

p. 57: Fotografias tiradas por Paulo Scheuenstuhl. 26 de dezembro de 1981; *Manchete*, edição 1549, "Mary Martin, Adeus Brasil".

p. 76: Fotografia tirada por Dmitri Kessel. Abril de 1957; *Life*, "Brazilian Essay".

p. 77: Fotografia tirada por Rolnan Pimenta. 23 de agosto de 1975; *Manchete*, edição 1218, "Mary Martin: adeus ao planalto".

p. 102: Fotografia tirada por Paulo Scheuenstuhl. 26 de dezembro de 1981; *Manchete*, edição 1549, "Mary Martin, Adeus Brasil".

p. 103: Fotografia tirada por Darwin Brandão. 28 de maio de 1955; *Manchete*, "A Marcha Para o Oeste", edição 0162.

p. 114: Fotografias tiradas por Luciano Carneiro. 3 de março de 1956; *O Cruzeiro*, "Goiás Conquista a América".

p. 115: Fotografia tirada por Darwin Brandão. 4 de junho de 1955; *Manchete*, "A Dona Joana do Brasil Central", edição 0163.

p. 130: Fotografia tirada por Darwin Brandão.

28 de maio de 1955; *Manchete*, "A Marcha Para o Oeste", edição 0162.

p. 131: Fotografias tiradas por Darwin Brandão. 28 de maio de 1955; *Manchete*, "A Marcha Para o Oeste", edição 0162.

p. 146: Fotografias tiradas por Darwin Brandão. 4 de junho de 1955; *Manchete*, "A Dona Joana do Brasil Central", edição 0163; 2 de junho de 1979; *Manchete*, edição 1415.

p. 147: Fotografia tirada por Luciano Carneiro. 3 de março de 1956; *O Cruzeiro*, "Goiás Conquista a América".

p. 170: Fotografia tirada por Rolnan Pimenta. 23 de agosto de 1975; *Manchete*, edição 1218, "Mary Martin: adeus ao planalto".

p. 171: Fotografia tirada por Luciano Carneiro. 3 de março de 1956; *O Cruzeiro*, "Goiás Conquista a América".

p. 178: Fotografia tirada por Paulo Scheuenstuhl. 26 de dezembro de 1981; *Manchete*, edição 1549, "Mary Martin, Adeus Brasil"; e fotografia tirada por Orlando Machado. 13 de fevereiro de 1954; *Manchete*, edição 95.

p. 179: Fotografia tirada por Luciano Carneiro. 3 de março de 1956; *O Cruzeiro*, "Goiás Conquista a América".

p. 190: Fotografia tirada por Luciano Carneiro. 3 de março de 1956; *O Cruzeiro*, "Goiás Conquista a América".

p. 191: Fotografia tirada por Ivo Serra. 20 de julho de 1957; *Manchete*, "A Terra da Promissão só produziu abacaxis", edição 0041.

p. 204: Fotografia tirada por Luciano Carneiro. 3 de março de 1956; *O Cruzeiro*, "Goiás Conquista a América".

p. 205: Fotografia tirada por Rolnan Pimenta. 23 de agosto de 1975; *Manchete*, edição 1218, "Mary Martin: adeus ao planalto".

p. 212: Fotografia tirada por Luciano Carneiro. 3 de março de 1956; *O Cruzeiro*, "Goiás Conquista a América".

p. 213: Fotografias tiradas por Dmitri Kessel. Abril de 1957; *Life*, "Brazilian Essay".

EPÍLOGO

p. 236: Fotografias tiradas por Luciano Carneiro. 27 de julho de 1957; *O Cruzeiro*, edição 0041.

p. 238: *New York Times*, 6 de outubro de 1952.

p. 239: *Manchete*, "A Dona Joana do Brasil Central", edição 0163, 4 de junho de 1955

p. 240: Fotografia tirada por Luciano Carneiro. 3 de março de 1956; *O Cruzeiro*, "Goiás Conquista a América".

p. 241: *O Cruzeiro*, "Goiás Conquista a América", 3 de março de 1956.

p. 242: *Cine Repórter*, 22 de junho de 1957.

p. 244: Fotografia tirada por Ivo Serra. 20 de julho de 1957; *Manchete*, "A Terra da Promissão só produziu abacaxis", edição 0041.

p. 247: Fotografia tirada por Jader Neves.
10 de setembro de 1972; *Manchete*, edição 1067.

p. 248: Fotografia tirada por Geneviève Hoffer. 1962; *Manchete*, "Belém Brasília: Três Mulheres vencem a Estrada Condenada à Morte".

Nota: as imagens e notícias da imprensa dispostas entre as páginas 26-33; 226-233; 250-251 provêm de fontes diversas, figurando nesta edição em forma de colagem gráfica, sem fins documentais.

Dados Internacionais de Catalogação na Publicação (CIP)
(Câmara Brasileira do Livro, SP, Brasil)

Lowell, Joan, 1902-1967
    Terra Prometida / Joan Lowell ;
[tradução Matheus Pestana]. -- 1. ed. -- São Paulo :
Ercolano, 2024.

    Título original: Promised Land.
    ISBN 978-65-85960-16-8

    1. Anápolis (GO) - Estado - Descrição e viagens 2. Atrizes - Estados
    Unidos - Biografia 3. Histórias de vidas 4. Lowell, Joan, 1902-1967
    5. Relatos pessoais I. Título.

24-221366   CDD-791.43028092

---

1. Atrizes cinematográficas : Biografia e obra
791.43028092
Aline Graziele Benitez - Bibliotecária - CRB-1/3129

ERCOLANO

Editora Ercolano Ltda.
www.ercolano.com.br
Instagram: @ercolanoeditora
Facebook: @Ercolanoeditora

Este livro foi editado em 2024
na cidade de São Paulo pela
Editora Ercolano, com as famílias
tipográficas Bradford LL e
Wremena, em papel Pólen Bold
70g/m² e impresso na Leograf.